**( ( ● Steidl Nocturnes**
Richard Middleton
Das Geisterschiff

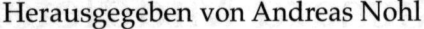

Herausgegeben von Andreas Nohl

# Richard Middleton
# Das Geisterschiff

Dreizehn Stories

Steidl Nocturnes

Aus dem Englischen übersetzt von Andreas Nohl

Deutsche Erstausgabe

# Inhalt

# Das Geisterschiff

# Das Geisterschiff

Das kleine Dorf Fairfield liegt nahe der Portsmouth Road etwa auf halbem Weg zwischen London und dem Meer. Fremde, die sich zufällig dorthin verirren, nennen es einen hübschen, aus der Zeit gefallenen Ort; wir, die wir dort zuhause sind, finden nichts sonderlich Hübsches daran, aber wir würden nur ungern woanders leben. Ich würde sagen, unser Bewusstsein hat die Gestalt vom Wirtshaus, der Kirche und dem Dorfanger angenommen. Auf jeden Fall fühlen wir uns außerhalb von Fairfield nie ganz wohl.

Natürlich können die Cockneys mit ihren hohen Häusern und lärmgeplagten Straßen uns Bauerntölpel nennen, wenn es ihnen beliebt, aber trotzdem lebt es sich in Fairfield viel besser als in London. Unser Doktor sagt, immer wenn er nach London fährt, wird er vom Gewicht der ganzen Häuser erdrückt, und dabei ist er ein geborener Cockney. Als kleiner Junge musste er dort leben, aber heute weiß er es besser. Ihr Gentlemen mögt lachen – vielleicht stammen ein paar von Ihnen aus London –, aber für mich wiegt ein Zeuge wie er mehr als ein ganzes Fass voller Argumente.

Langweilig? Na, von mir aus können Sie es langweilig finden, aber ich versichere Ihnen, ich habe mir das ganze Garn über London angehört, das Sie heute Abend gesponnen haben, und es ist absolut gar nichts im Vergleich zu dem, was in Fairfield passiert. Das liegt an der Art, wie wir denken und uns nur um unseren eigenen Kram kümmern. Wenn einer von euch Londonern sich samstagnachts auf den Dorfanger setzen würde, wo die Geister der Jungs, die im Krieg gefallen sind, sich mit den Mädchen, die auf dem Friedhof liegen, ein Stelldichein geben, dann könnte der seine Neugier nicht im Zaum halten, und die Geister würden sich gestört fühlen und das Weite suchen, wo sie ihre Ruhe haben. Wir aber lassen sie kommen und gehen und machen kein Aufhebens davon, und infolgedessen ist Fairfield der geistreichste Ort in ganz England. Ich habe sogar am hellichten Tag mal einen Mann ohne Kopf auf dem Brunnenrand sitzen sehen, und die Kinder spielten zu seinen Füßen, als ob er ihr Vater wäre. Verlassen Sie sich drauf, Geister spüren genau wie Menschen, wo sie es gut haben.

Immerhin muss ich zugeben, dass das, was ich Ihnen jetzt erzähle, merkwürdig war – selbst für unseren Teil der Welt, wo in der Jagdsaison drei Meuten von Geisterhunden losziehen und der Urgroßvater des Hufschmieds die ganze Nacht über die Pferde der toten Gentlemen beschlägt. Na, so etwas könnte in London nie passieren, weil die sich immer in alles einmischen müssen, aber unser Schmied liegt einfach oben in seiner Stube und schläft so ruhig wie ein Lämmchen. Einmal, als er Kopfschmerzen hatte, rief er zu ihnen hinunter, sie sollten keinen solchen Lärm machen, und am nächsten Morgen fand er eine alte Guinee auf dem Amboss, als Entschuldigung. Er trägt sie heute an seiner Uhrkette. Aber ich muss zu meiner Geschichte zurückkehren – denn wenn ich erstmal von den seltsamen Dingen anfange, die in Fairfield passieren, finde ich kein Ende mehr.

Das Ganze begann mit dem verheerenden Frühlingssturm '97; das war das Jahr, in dem wir zwei schlimme Stürme hatten. Hier geht es um den ersten, und ich erinnere mich noch sehr gut daran, weil, wie ich am nächsten Morgen feststellte, das Strohdach von meinem Schweinekoben wie ein Papierdrachen komplett in den Garten der Witwe geweht worden war. Als ich über die Hecke linste, machte sich die Witwe gerade – es war die Witwe von Tom

Lamport – mit einem Unkrautstecher in ihrer Kapuzinerkresse zu schaffen. Nachdem ich ihr ein bisschen zugeschaut hatte, ging ich runter zum *Fox and Grapes* und erzählte dem Wirt, was sie zu mir gesagt hatte. Er lachte nur – er ist verheiratet und kennt sich mit Frauen aus. »Übrigens«, sagte er, »der Sturm hat mir was aufs Feld geblasen. So eine Art Schiff, glaube ich.«

Ich war einigermaßen verblüfft, bis er mir erklärte, dass es nur ein Geisterschiff sei und den Steckrüben keinen Schaden zufügen würde. Wir kamen zu dem Schluss, dass es vom Meer bei Portsmouth hochgeweht worden war, und dann sprachen wir über etwas anderes. Vom Pfarrhaus hatte es zwei Schieferplatten heruntergerissen, und auf Lumleys Weide war ein großer Baum entwurzelt. Es war ein Sturm, wie es ihn nicht alle Tage gab.

Ich schätze, der Sturm hatte unsere Geister über ganz England geweht. Tage später kehrten sie auf strauchelnden Pferden und mit wundgelaufenen Füßen zurück, und sie waren so froh, wieder in Fairfield zu sein, dass einige von ihnen heulend wie kleine Kinder durch die Straßen liefen. Der Squire sagte, der Urgroßvater seines Urgroßvaters hätte seit der Schlacht von Naseby nicht mehr so erschossen ausgesehen, und er ist ein gebildeter Mann.

So kam eins zum anderen, und es dauerte wohl eine ganze Woche, bis wieder alles im Lot war, und dann traf ich eines Nachmittags auf dem Dorfanger den Wirt, der ein sorgenvolles Gesicht machte. »Kannst du vielleicht mitkommen und dir mal dieses Schiff auf meinem Feld ansehen?«, sagte er zu mir. »Ich habe das Gefühl, es neigt sich mächtig den Steckrüben zu. Ich will mir gar nicht vorstellen, was die Frau dazu sagt, wenn sie das sieht.«

Ich ging mit ihm den Feldweg lang, und tatsächlich, mitten auf seinem Acker stand ein Schiff – ein Schiff wie kein

Mensch es in den letzten dreihundert Jahren auf dem Wasser gesehen hatte, geschweige denn auf einem Rübenacker. Es war ganz schwarz angestrichen und mit Schnitzereien überzogen, und im Heck hatte es ein großes Erkerfenster, ganz genau wie im Wohnzimmer vom Squire. An Deck lugte eine Reihe kleiner schwarzer Kanonen aus den Geschützpforten hervor, und das Schiff ankerte an beiden Enden im harten Boden. Ich habe schon die sieben Weltwunder auf Postkarten gesehen, aber so etwas noch nie.

»Ganz schön stabil für ein Geisterschiff«, sagte ich, doch ich konnte sehen, dass der Wirt bekümmert war.

»Ich würde sagen, es ist so ein Zwischending«, antwortete er nachdenklich, »aber es wird an die fünfzig Steckrüben kosten, und die Frau will, dass es verschwindet.« Wir gingen hin und betasteten den Schiffsbauch, und er fühlte sich so fest an wie bei einem echten Schiff. »Also, manche Leute in England würden das sehr eigenartig finden«, sagte er.

Tja, ich weiß nicht viel über Schiffe, aber ich würde meinen, dass dieses Geisterschiff gut zweihundert Tonnen auf die Waage brachte, und ich hatte den Eindruck, dass es gekommen war, um zu bleiben, so dass es mir leid tat für den Wirt, der ja ein verheirateter Mann war. »Alle Pferde in Fairfield könnten es nicht aus meinen Rüben holen«, sagte er und blickte das Schiff finster an.

Genau in diesem Augenblick hörten wir ein Geräusch an Deck und schauten hinauf. Ein Mann war aus der Vorderkajüte gekommen und sah freundlich zu uns herunter. Er trug eine schwarze Uniform mit rostfarbenen Goldtressen, und an der Seite hatte er in einer Messingscheide ein großes Entermesser hängen. »Ich bin Captain Bartholomew Roberts«, sagte er im Ton eines Gentleman, »hier eingelaufen, um neue Leute anzuwerben. Ich habe das Schiff anscheinend ziemlich weit den Hafen raufgeführt.«

»Hafen!«, rief der Wirt, »Sie sind hier fünfzig Meilen weg vom Meer.«

Captain Roberts ließ sich nicht das Geringste anmerken. »So weit, tatsächlich?«, sagte er. »Na, das macht nichts.«

Der Wirt war ein wenig verärgert, als er dies hörte. »Ich möchte nicht unfreundlich erscheinen«, sagte er, »aber ich wünschte, Sie hätten Ihr Schiff nicht auf meinem Acker abgestellt. Meine Frau legt großen Wert auf diese Rüben, verstehen Sie?«

Der Captain nahm aus einer schönen goldenen Dose, die er aus der Tasche zog, eine Prise Schnupftabak und wischte sich dann sehr vornehm mit einem Seidentaschentuch die Finger ab. »Ich werde nur ein paar Monate hierbleiben«, sagte er, »aber wenn ein Zeichen meiner Verehrung Ihre werte Frau gewogen stimmen würde, sollte mich das freuen.« Und mit diesen Worten löste er eine große Goldbrosche von seinem Kragen und warf sie zum Wirt hinunter.

Der wurde puterrot. »Ich kann nicht bestreiten, dass sie ein Faible für Schmuck hat, aber das ist zu viel für einen halben Sack Steckrüben.« Und wirklich war es eine schöne Brosche.

Der Captain lachte. »Ach was«, sagte er, »das ist ein Zwangsverkauf, und Sie verdienen einen guten Preis. Kein Wort mehr darüber.« Er nickte uns zu, machte auf dem Absatz kehrt und verschwand in der Kajüte. Der Wirt ging den Feldweg zurück wie jemand, dem eine Last von der Seele genommen wurde. »Dieser Sturm hat mir ganz schön Glück gebracht«, sagte er. »Die Frau wird sich mächtig über die Brosche freuen. Das schlägt die Guinee vom Hufschmied um Längen.«

Siebenundneunzig war Kronjubiläum, das Jahr des zweiten Jubiläums, wie Sie sich erinnern werden, und wir hatten in Fairfield eine Menge um die Ohren, weswegen wir uns kaum um das Geisterschiff kümmern konnten – auch wenn es sowieso nicht unsere Art ist, uns in Dinge einzumischen, die uns nichts angehen. Der Wirt sah seinen Mieter ein oder zwei Mal, als er seinen Rübenacker hackte, und man grüßte sich freundlich. Seine Frau trug ihre neue Brosche jeden Sonntag zur Kirche. Aber wir pflegten zu keiner Zeit sonderlich viel Umgang mit den Geistern, nur der Dorftrottel, und der kannte den Unterschied zwischen einem Menschen und einem Geist nicht, der arme Einfaltspinsel! Am Jubiläumstag allerdings erklärte jemand Captain Roberts, warum die Glocken läuteten, und er hisste eine Flagge und feuerte seine Kanonen ab wie ein patriotischer Engländer. Dummerweise waren die Kanonen geladen, und eine der Kugeln schlug ein Loch in Farmer Johnstones Scheune, aber niemand ließ sich dadurch die Festlaune verderben.

Erst nach den Feierlichkeiten stellten wir fest, dass irgendetwas in Fairfield nicht stimmte. Es war der Schuhmacher, der mir eines Morgens im *Fox and Grapes* zuerst davon erzählte. »Du kennst doch meinen Urgroßonkel?«, fragte er.

»Du meinst Joshua, den stillen Burschen?«, antwortete ich. Ich kannte ihn gut.

»Still?«, sagte der Schuhmacher aufgebracht. »Still nennst du das, wenn er jeden Morgen um drei Uhr voll wie ne Haubitze nach Hause kommt und uns alle mit seinem Lärm aufweckt?«

»Aber das kann doch nicht Joshua sein!«, sagte ich, denn ich kannte ihn als eines der unbescholtensten jungen Gespenster im Dorf.

»Es ist Joshua«, sagte der Schuhmacher, »und wenn er nicht aufpasst, landet er in einer der nächsten Nächte auf der Straße.«

Ich kann Ihnen gar nicht sagen, wie diese Art von Gerede mich erschreckte, denn ich höre nicht gern, wenn ein Mann schlecht über seine eigene Familie spricht, und ich konnte kaum glauben, dass ein so anständiger Junge wie Joshua sich dem Suff ergeben hatte. Aber genau in diesem Moment kam der Metzger Aylwin herein, und er hatte eine solche Wut, dass er kaum sein Bier trinken konnte. »Dieser Grünschnabel! Dieser Grünschnabel!«, sagte er immerzu. Es dauerte eine Weile, bis der Schuhmacher und ich begriffen, dass er von seinem Vorfahren sprach, der bei Senlac gefallen war.

»Säuft er?«, fragte der Schuhmacher hoffnungsvoll – denn wir alle sind froh über Leidensgenossen im Unglück –, und der Metzger nickte grimmig.

»Dieser junge Schwachkopf«, sagte er und leerte seinen Krug.

Tja, danach hielt ich die Ohren gespitzt, und es war im ganzen Dorf die gleiche Geschichte. Es gab unter all den Geistern von Fairfield kaum einen jungen Mann, der nicht regelmäßig in den frühen Morgenstunden volltrunken nach Hause gewankt wäre. Ich wachte nachts auf und hörte sie an meinem Haus vorbeistolpern und zotenhafte Lieder grölen. Das Schlimmste war, dass der Skandal sich herumsprach: Plötzlich redeten die Leute in Greenhill vom »versoffenen Fairfield« und brachten ihren Kindern ein Lied über uns bei:

> In Fairfield wird so viel gesoffen,
> da braucht man gar kein Butterbrot,
> Rum zum Frühstück, Rum zu Mittag,
> Rum zum Tee und Abendrot!

Wir nehmen die Dinge normalerweise leicht in unserem Dorf, aber das hat uns doch schwer getroffen.

Natürlich fanden wir bald heraus, wo die jungen Burschen ihren Schnaps herbekamen. Der Wirt war reichlich niedergeschlagen, dass sich sein Mieter als so übel entpuppte, aber seine Frau wollte die Brosche partout nicht herausrücken, so dass er dem Captain auch nicht kündigen konnte. Doch mit der Zeit wurde alles immer noch schlimmer, und zu jeder Tageszeit sah man diese verkommenen jungen Leute auf der Gemeindewiese ihren Rausch ausschlafen. Fast jeden Nachmittag polterte ein Geisterwagen mit einer Ladung Rum zum Schiff, und obgleich die älteren Geister eher dazu neigten, der Gastfreundschaft des Captains aus dem Weg zu gehen, gab es für die jungen Burschen kein Halten.

Da hörte ich eines Nachmittags, als ich mein Nickerchen machte, ein Klopfen an der Tür, und das war der Pfarrer, der sehr ernst dreinblickte, wie jemand, der eine Aufgabe vor sich hat, die ihm nicht schmeckt. »Ich gehe jetzt runter zum Captain, um über die ganze Trinkerei im Dorf zu sprechen, und ich will, dass du mitkommst«, sagte er geradeheraus.

Ich kann nicht behaupten, dass ich besondere Lust auf den Besuch gehabt hätte, und ich versuchte, dem Pfarrer begreiflich zu machen, dass es sich ja eigentlich nur um eine Bande von Geistern handelte und im Grunde keine große Rolle spielte.

»Tot oder lebendig, ich bin für ihr Betragen verantwortlich«, sagte er, »und ich werde meine Pflicht tun und diesem fortwährenden Chaos ein Ende setzen. Und du kommst mit mir, John Simmons.« Also ging ich mit, denn der Pfarrer ist ein überzeugender Mann.

Wir gingen zum Schiff, und als wir näher kamen, sah ich den Captain an Deck frische Luft schnappen. Als er den Pfarrer erblickte, zog er höflich seinen Hut, und ich kann Ihnen sagen, ich war sehr erleichtert darüber, dass er der Geistlichkeit mit gebührendem Respekt begegnete.

Der Pfarrer erwiderte den Gruß und sagte mit ziemlichem Nachdruck: »Sir, ich würde gerne mit Ihnen sprechen.«

»Kommen Sie an Bord, Sir; kommen Sie an Bord«, sagte der Captain, und man hörte seiner Stimme an, dass er wusste, warum wir hier waren. Der Pfarrer und ich kletterten eine wacklige Leiter hinauf, und der Captain führte uns in die große Kajüte im Heck, wo das Erkerfenster war. Es war der erstaunlichste Raum, den man je gesehen hat, voller Gold- und Silbergeschirr, Schwertern mit juwelenbesetzten Scheiden, geschnitzten Eichenstühlen und großen Truhen, die aussahen, als wären sie randvoll mit Guineen. Selbst der Pfarrer war verblüfft und schüttelte nur halbherzig den Kopf, als der Captain Silberbecher auf den Tisch stellte und Rum für uns ausschenkte. Ich probierte einen Schluck, und ich gebe gerne zu, dass er meinen Blick auf die Dinge grundlegend änderte. Es gab an diesem Rum nichts zu mäkeln und zu meckern, und es kam mir lächerlich vor, den Burschen zu verübeln, dass sie von einem solchen Zeug zu viel tranken. Es rann wie Honig und Feuer durch meine Adern.

Der Pfarrer setzte dem Captain den Fall offen und ehrlich auseinander, aber ich hörte kaum hin. Ich war mit meinem Rum beschäftigt und sah durchs Fenster den Fischen zu, die über den Steckrüben des Wirts hin und her schwammen. Sie kamen mir wie das Natürlichste von der Welt vor, auch wenn mir später klar wurde, dass das nur bewies, dass es ein Geisterschiff war.

Aber selbst in dem Moment fand ich es seltsam, dass ein ertrunkener Seemann in der Luft vorbeischwebte, Haare und Bart voller Luftblasen. Es war das erste Mal, dass ich so etwas in Fairfield sah.

Während ich also die Wunder der Tiefsee betrachtete, erklärte der Pfarrer Captain Roberts, dass der Frieden und die Nachtruhe im Dorf infolge des Fluchs der Besäufnisse dahin seien, und was für ein schlechtes Beispiel die jungen Burschen für die älteren Geister abgäben. Der Captain hörte sehr aufmerksam zu und warf nur gelegentlich ein, dass Jungs eben Jungs seien und junge Männer sich nun einmal die Hörner abstoßen müssten. Doch als der Pfarrer zu Ende gesprochen hatte, füllte er unsere Silberbecher und sagte mit eleganter Geste: »Es täte mir leid, wenn ich an einem Ort, wo ich freundlich aufgenommen wurde, Unannehmlichkeiten verursacht hätte, und es wird Sie freuen zu hören, dass ich morgen Abend in See steche. Und jetzt müssen Sie auf eine glückliche Fahrt mit mir trinken.« So standen wir alle auf und tranken in Ehren auf sein Wohl, und der edle Rum kreiste wie heißes Öl in meinen Adern.

Danach zeigte uns der Captain einige seiner aus fremden Ländern mitgebrachten Kuriositäten, die uns in höchstes Erstaunen versetzten, auch wenn ich mich später nicht mehr genau erinnern konnte, was es gewesen war. Und dann befand ich mich mit dem Pfarrer auf dem Rückweg über das Steckrübenfeld und erzählte ihm von den Herrlichkeiten der Tiefsee, die ich durchs Schiffsfenster gesehen hatte. Er wandte sich mit strenger Miene zu mir um. »Wenn ich du wäre, John Simmons«, sagte er, »würde ich mich schnurstracks nach Hause ins Bett begeben.« Er hat eine Art, sich auszudrücken, wie es einem normalen Mann nicht in den Sinn käme, und ich tat wie geheißen.

Am nächsten Tag fing es zu stürmen an, und es stürmte immer heftiger, bis ich so gegen acht Uhr am Abend ein lautes Geräusch hörte und in den Garten hinaussah. Sie werden mir nicht glauben – es kommt mir selbst etwas übertrieben vor –, aber der Wind hatte doch tatsächlich das Dach von meinem Schweinekoben zum zweiten Mal in den Garten der Witwe getragen. Ich dachte, ich warte lieber nicht, was

die Witwe dazu zu sagen hat, also ging ich über den Dorfanger zum *Fox and Grapes*, und der Wind blies so stark, dass
ich mich auf Zehenspitzen tänzelnd vorwärtsbewegte wie
ein Mädchen auf dem Jahrmarkt. Im Pub angekommen,
musste mir der Wirt helfen, die Tür zu schließen – es war,
als drückte ein Dutzend Ziegen dagegen an, um aus dem
Sturm hereinzukommen.

»Es ist ein mächtiger Sturm«, sagte er und zapfte ein
Bier. »Ich hab gehört, dass in Dickory End ein Schornstein
runtergestürzt ist.«

»Es ist doch komisch, wie diese Seeleute sich mit dem
Wetter auskennen«, erwiderte ich. »Als der Captain sagte,
dass er heute Abend in See stechen will, dachte ich, da
braucht er aber ne schöne Mütze Wind, um das Schiff zum
Meer zurückzubringen, aber jetzt haben wir mehr als eine
Mütze voll.«

»Ach ja«, sagte der Wirt, »er will heute Abend abfahren,
stimmt. Allerdings, auch wenn er bei der Miete wirklich
großzügig war, bin ich mir nicht sicher, ob das ein Verlust
fürs Dorf ist. Ich halte nichts von feinen Leuten, die ihre
Getränke aus London holen, statt die Händler vor Ort zu
unterstützen.«

»Aber du hast keinen solchen Rum wie er«, sagte ich, um
ihn ein bisschen zu triezen.

Sein Hals über dem Kragen lief rot an, und ich fürchtete
schon, das ich zu weit gegangen war. Aber nach einer Weile
räusperte er sich und atmete tief durch.

»John Simmons«, sagte er, »wenn du in dieser windigen
Nacht nur hergekommen bist, um Blödsinn zu reden, hast
du deine Zeit verplempert.«

Natürlich musste ich ihn danach beschwichtigen, indem
ich seinen Rum lobte, und der Himmel mag mir vergeben, aber ich schwor, er sei besser als der vom Captain.

Denn so etwas wie diesen Rum haben noch keine Lippen eines Lebendigen gekostet, außer die meinen und die vom Pfarrer. Aber irgendwie kriegte ich den Wirt herum, und sogleich mussten wir ein Glas von seinem besten Rum trinken, um die Qualität zu testen.

»Find einen besseren, wenn du kannst!«, rief er, und wir hoben die Gläser an den Mund, nur um auf halbem Wege stehenzubleiben und uns verblüfft anzusehen. Denn der Wind, der draußen wie ein außer sich geratener Hund geheult hatte, klang plötzlich melodiös wie die Sternsinger an Heiligabend.

»Das wird doch wohl nicht meine Martha sein«, flüsterte der Wirt, wobei man wissen muss, dass Martha seine Großtante war, die oben im Dachboden wohnte.

Wir traten an die Tür, und der Wind stieß sie so gewaltsam auf, dass es den Türgriff glatt in den Wandverputz trieb. Aber wir haben das damals gar nicht weiter bemerkt, denn über unseren Köpfen segelte durch den windigen Sternenhimmel gemächlich das Schiff, das den Sommer auf dem Acker des Wirts zugebracht hatte. Aus seinen Luken und dem Erkerfenster strahlte helles Licht, und von den Decks erscholl Gesang und Gefiedel. »Es ist weg«, rief der Wirt lauter als der Sturm, »und es hat die Hälfte des Dorfs mitgenommen!« Ich konnte als Antwort nur nicken, da ich keine Lungen wie Blasebälge aus Leder habe.

Am Morgen konnten wir übersehen, wie stark der Sturm gewütet hatte, und abgesehen von meinem Schweinekoben war im Dorf so viel Schaden angerichtet, dass wir alle Hände voll zu tun hatten. Wahrhaftig, die Kinder mussten in diesem Herbst keine Äste für das Feuerholz abbrechen, da der Wind mehr auf dem Waldboden verstreut hatte, als sie wegtragen konnten. Viele unserer Geister waren in alle Richtungen verstreut, aber diesmal kamen nur sehr wenige zurück, denn die jungen Männer waren mit dem Captain abgesegelt. Aber nicht nur Geister, denn ein armer, geistig minderbemittelter Bursche wurde vermisst, und wir gingen davon aus, dass er als blinder Passagier mitgefahren war oder vielleicht als Schiffsjunge angeheuert hatte, weil er es nicht besser wusste.

Mit dem Wehklagen der Geistermädchen und dem Murren der Familien, die einen Vorfahren verloren hatten, herrschte eine Zeit lang ziemliche Aufregung im Dorf, und komischerweise machten genau diejenigen, die sich am meisten über das Benehmen der jungen Leute beschwert hatten, jetzt das größte Tamtam, weil sie weg waren. Ich hatte keinerlei Mitgefühl mit dem Schuhmacher und dem Metzger, die herumliefen und sagten, wie sehr sie ihre Burschen vermissten, aber es machte mich traurig, wenn ich in der Abenddämmerung die armen hinterbliebenen Mädchen auf dem Dorfanger die Namen ihrer Liebsten rufen hörte. Es schien mir nicht gerecht, dass sie ihre Männer ein zweites Mal verlieren sollten, nachdem sie sehr wahrscheinlich ihr Leben aufgegeben hatten, um mit ihnen zusammen zu sein. Doch selbst Geister können nicht auf ewig betrübt sein, und nach ein paar Monaten fanden wir uns damit ab, dass das Völkchen, das mit dem Schiff gesegelt war, nicht mehr zurückkehren würde, und wir sprachen nicht mehr darüber.

Doch dann eines Tages – ich glaube, es war ein paar Jahre später, als die ganze Sache schon so gut wie vergessen war –: wer kam da auf der Straße von Portsmouth angelatscht? Der Dorftrottel, der mit dem Schiff weggefahren war und nicht abgewartet hatte, bis er nach seinem Tod ein Geist geworden war. So einen Jungen habt Ihr in Eurem ganzen Leben nicht gesehen. Er hatte sich mit einer Schnur ein großes verrostetes Entermesser um den Bauch gebunden und war über und über farbig tätowiert, so dass selbst sein

Gesicht wie ein Stickmuster für Mädchen aussah. In der Hand hatte er ein Taschentuch voller exotischer Muscheln und altertümlicher Münzen, sehr merkwürdig, und er ging zum Brunnen vor dem Haus seiner Mutter und holte sich etwas zu trinken, als wäre er gar nicht weg gewesen.

Am schlimmsten war, dass er genauso beschränkt zurückkam, wie er gegangen war, und so sehr wir es auch versuchten, wir bekamen nichts Vernünftiges aus ihm heraus. Er redete eine Menge Blödsinn über ›Kielholen‹ und ›über die Planke gehen‹ und ›blutige Morde‹ – lauter Dinge, über die ein anständiger Seemann nichts wissen sollte, so dass der Captain anscheinend trotz all seiner Manieren eher ein Pirat als ein Seemann von Stand war. Doch dem Jungen ein vernünftiges Wort zu entlocken, war genau so schwierig wie Kirschen von einem Holzapfelbaum zu pflücken. Auf eine blödsinnige Geschichte kam er immer wieder zurück, und man hätte glauben können, sie sei das Einzige, was ihm in seinem Leben je zugestoßen war. »Wir ankerten«, sagte er, »vor einer Insel, die *Basket of Flowers* heißt, und die Matrosen hatten eine Menge Papageien gefangen und wir haben ihnen das Fluchen beigebracht – auf allen Decks rauf und runter hörte man sie die übelsten Sachen krächzen. Dann haben wir plötzlich draußen vorm Hafen die Masten von einem spanischen Schiff gesehen. Aber es war noch nicht drin, also haben wir die Papageien ins Meer geschmissen und sind rausgesegelt, um zu kämpfen. Und alle Papageien sind ertrunken und haben grauenvoll geflucht.« So ein Junge war das, nur dummes Geschwätz von Papageien, während wir von ihm etwas über den Kampf erfahren wollten. Und wir hatten keine Chance, ihn eines Besseren zu belehren, denn zwei Tage später riss er wieder aus und ward nicht mehr gesehen.

Das ist also meine Geschichte, und ich kann Ihnen versichern, dass in Fairfield ständig solche Dinge passieren. Das Schiff ist nicht mehr wiedergekommen, aber irgendwie scheinen die Leute jetzt, da sie älter werden, zu glauben, dass es eines Nachts bei Sturm mit all den verlorenen Geistern an Bord über die Hecken gesegelt kommen wird. Naja, wenn es kommt, soll es willkommen sein. Ein Geistermädchen gibt es, das immer noch nicht aufgegeben hat, auf ihren Burschen zu warten. Jede Nacht sieht man sie auf dem Dorfanger, wie sie angestrengt zwischen den Sternen nach den Mastlichtern Ausschau hält. Ein treues Mädchen würdet Ihr sie nennen, und ich glaube, da habt Ihr Recht.

Der Acker des Wirts ist durch den Besuch um keinen Penny schlechter geworden, aber es heißt, die Rüben, die seither dort wachsen, schmecken nach Rum.

# Der neue Schüler

## I

Als ich zum ersten Mal meine Familie verließ, um auf ein Internat zu gehen, weinte ich nicht wie die kleinen Jungen in den Büchern, obwohl ich noch nie von Zuhause weg war, außer um die Ferien bei Verwandten zu verbringen. Das lag nicht an meiner besonderen Selbstbeherrschung, denn ich war eigentlich nah am Wasser gebaut und vergoss selbst beim geringsten Anlass Tränen. Aber ich war mit anderen Dingen beschäftigt und machte mir nicht im mindesten die Bedeutung meiner Reise bewusst. Ich hatte eine Menge neuer Kleider und mehr Geld in der Tasche als je zuvor, und im Gepäckwagen am Ende des Zuges befand sich eine große Kiste, die ich mit Marmelade und Büchsenfleisch und Kuchen vollgestopft hatte. Dabei, wie auch bei anderen Dingen, half mir der fachkundige Rat eines Bruders, der selbst auf eine Schule im Norden ging, und es war vielleicht naheliegend, dass er mir in der behaglichen Sicherheit der Ferien ein geradezu paradiesisches Bild von den Freuden des Internatslebens malte. Außerdem war mein Dasein als Externer in London so unglücklich gewesen, dass mir jede Veränderung recht war – so empfand ich, was meine Zukunft betraf, allenfalls eine gewisse Unruhe.

Nachdem ich einen Blick auf meine Papiere geworfen hatte, lehnte ich mich zurück und starrte meinen ältesten Bruder an, der dafür sorgen sollte, dass ich wohlbehalten in der Schule ankam. Damals mochte ich ihn nicht sonderlich, weil er für meinen Geschmack ungebührlich auf seine Rechte pochte, und ich wunderte mich über die Taktlosigkeit der Erwachsenen, die ausgerechnet ihn als meine Reisebegleitung auserkoren hatten. Mit jedem anderen wäre diese Reise vielleicht ein Vergnügen gewesen, aber es waren Dinge zwischen uns vorgefallen, die keiner von uns vergessen konnte, so dass mir nichts Besseres einfiel, als seine bemühte Freundlichkeit mit steifer Höflichkeit zu erwidern. Er tat so, als sei er in die Lektüre seiner Zeitung versunken, während ich aus dem Fenster schaute und mit dem Finger, den ich in meine Westentasche gesteckt hatte, über die geriffelten Ränder meiner trostreichen Geldmünzen fuhr. Als ich die kleinen Farmhäuser sah, die wie vergessen in den Senken von Kents Hügeln hockten, stellte ich mir vor, wie schön es wäre, dort in einem Zimmer voller Bücher mit Geschichten zu leben, fern von den Unannehmlichkeiten und Problemen des Lebens. Wie eine Katze wollte ich mich irgendwo träumend zusammenrollen, wo niemand auf mir herumtrampeln würde und wo Freund und Feind mich in Ruhe ließen. Das war stets mein Wunsch, aber neben meinem Verlangen nach Frieden rührte sich eine neue und reizvolle Empfindung, die sich mit der Ahnung eines noch erfreulicheren Lebens verband. Die Begeisterung, mit der ich meine Kiste mit Proviant füllte (wie ein Seemann, der auf eine lange Reise geht), der ungewohnte Nervenkitzel, insgeheim eine große Geldsumme mit mir herumzutragen, aber vor allem die phantasievollen Erzählungen meines älteren Bruders hatten in mir die Erwartung von Abenteuern geweckt. Seine Geschichten waren voller Verachtung für den Unterricht und einer enormen Geringschätzung für Respektspersonen, und sie reichten von aussichtslosen Kaninchenjagden in den Yorkshire Wolds bis zu unerlaubten Fressgelagen mit Früchtekuchen und Hummer aus Büchsen in mondbeschienenen Schlafsälen. Ich dachte, es könnte schön sein, diese abenteuerliche Seite des Lebens kennenzulernen, bevor ich mich nur noch meinen Träumereien widmen wollte.

Der Zug bummelte vor sich hin, und mein ältester Bruder und ich sahen uns verlegen an. Er hatte mich bereits zweimal gefragt, ob ich meine Fahrkarte hätte, und ich begriff, dass ihm keine andere unverfängliche Bemerkung einfiel, die der Situation angemessen war. Ich wollte schon sagen, dass der Zug ziemlich langsam fuhr, aber da erinnerte ich mich mit neu aufglühendem Zorn, wie mein Bruder einmal eine Erdbeere in meinem Gesicht verschmiert hatte, weil ich mir herausgenommen hatte, sie einem seiner Freunde anzubieten, und ich hielt lieber den Mund. Danach hatte ich ihm drei Wochen lang jeden Abend in Gebeten den Tod an den Hals gewünscht, und obwohl er noch am Leben war, hinderte das Wissen um meine uneingestandene und nie bereute Bosheit mich daran, mehr als nur notdürftig höflich zu sein. Ich war für ihn eine freche kleine Kröte und er für mich ein rüpelhafter Flegel, und so sahen wir uns nur an und sprachen kein Wort. Daher waren wir beide froh, als der Zug am Bahnhof einfuhr, der den Namen meiner neuen Schule trug.

Mein erstes Gefühl war tiefes Bedauern, dass meine Eltern mich nicht an einen Ort geschickt hatten, wo die Sonne schien. In dem kleinen Bus, der uns – mitsamt meiner wertvollen Kisten, die auf dem Dach sicher verstaut waren – vom Bahnhof zum Städtchen brachte, fuhren wir durch graue Felder, deren eintönige Weiten sich übergangslos im grauen Himmel verloren. Die Aussicht machte mich beklommen, denn was ich sah, schien mir alles andere als eine Welt verheißungsvoller Abenteuer. Auch heiterte mich der Anblick des Städtchens nicht auf, dessen eine lange Straße mit niedrigen, altertümlichen Häusern einen schäbigen und schmutzigen Eindruck machte. Der Ort hatte einen abstoßenden Geruch, und schon dachte ich an mein Taschengeld und meine Kiste mit Spielen – dabei hatte ich im Zug beschlossen, diese Trostgedanken sorgsam für jene Stunden aufzuheben, in denen es mir schlecht gehen mochte. Doch das niedrige Verdeck des Busses war wie eine Grenze für meine Vorstellungskraft, und mein Körper litt unter den unbequemen Samtpolstern. Ich überlegte noch, warum meine Handgelenke davon wehtaten, als der Bus vom Kopfsteinpflaster schlingernd in einen Kiesweg abbog und ich die Schulgebäude wie riesige Gefängnismauern um mich aufragen sah. Ich sprang hinaus und vertrat mir die Beine, während der Fahrer herunterkletterte, um das Fahrgeld zu kassieren. So vollkommen teilnahmslos wie er mich ansah, war mir klar, dass er in seinem Leben schon eine große Zahl Jungen vom Bahnhof zur Schule gefahren haben musste.

Ein Mann in grauem Flanellhemd erschien und karrte meine Kisten auf einem kleinen Rollwagen weg, und nach einer Weile kam ein Lehrer und führte uns auf routinemäßige Art durch die vorzeigbareren Teile der Schule. Mein Bruder hatte es eilig, wieder fortzukommen, weil er noch nicht lange genug davon weg war, um die Atmosphäre von Schlafsälen und Klassenzimmern erfreulich zu finden. Ich war natürlich an meiner neuen Umgebung interessiert, doch in der Gegenwart des Lehrers war ich gehemmt, und ich fürchtete mich, vor diesem unbekannten Mann, dem zu gehorchen mein Los war, frei zu sprechen. So waren wir alle erleichtert, als unsere flüchtige Besichtigung zum Ende kam. Er erklärte mir, bis sieben Uhr sei ich frei und könne tun und lassen, was ich wolle, also machte ich mit meinem Bruder einen Spaziergang durch das Städtchen.

Der Tag ging in eine fröstelige graue Dämmerung über, und der Ort war von feuchtkaltem Nebel durchzogen, in den sich der Gestank von Abwässern mischte, was, wie ich später feststellte, von dem allgemeinen Missbrauch des kleinen Flüsschens herrührte, nach dem die Stadt benannt war. Selbst mein Bruder blieb nicht völlig unbeeindruckt von der trübseligen Atmosphäre, die der Ort und die Stunde verströmten, und er war froh, sich mit mir in einem Bäckerladen zum Tee zurückziehen zu können. Mittlerweile war die Illusion des Abenteuers, die mich mit meiner Trennung von Zuhause etwas versöhnt hatte, in einem beklagenswerten Zustand, und lustlos trank ich meinen Tee und aß mein Gebäck. Wenn das Leben sich nun immer gleich bleiben sollte – wenn die Flucht aus einem Unglück mir nur die schmerzhafte Gewöhnung an ein neues eingebracht hatte –, dann würde mein ohnehin nicht sonderlich ausgeprägter Stoizismus keinesfalls hinreichen, mich mit Anstand aus der Affäre zu ziehen. Ich war einmal gescheitert, und ich würde wieder scheitern. Mit beklommenem Herzen sah ich einer traurigen und tränenreichen Zukunft entgegen.

Da es nur wenig Zugverbindungen gab, hatte mein Bruder noch reichlich Zeit, zu Fuß zum Bahnhof zu gehen, und wir kamen überein, dass ich ihn ein Stück weit begleiten sollte. Während wir der weißen Sandstraße folgten, die sich zwischen dem staubigen Grau einförmiger Hecken erstreckte, bemerkte ich, dass ihn etwas umtrieb. In dieser Stunde der Prüfung war ich willens, das Vergangene zu vergessen, um wenigstens ein paar Minuten mit einem Menschen reden zu können, den ich kannte, aber er gab mir auf meine drängenden Fragen nur unbestimmte Antworten. Schließlich blieb er mitten auf der Straße stehen und sagte, ich solle lieber umkehren. Ich wäre gerne weiter mit ihm gegangen, aber ich wollte vor allem das Gesicht wahren und sagte daher mit so beherrschter Stimme wie möglich Lebwohl. Mein Bruder zögerte kurz. Mit einem schüchternen Blick gen Himmel griff er in seine Tasche, brachte eine halbe Krone zum Vorschein, steckte sie mir zu und eilte dann davon. Blitzartig erkannte ich, dass es auch für ihn ein wichtiger Augenblick war: zum ersten Mal hatte er einem Schuljungen Geld zugesteckt, und von nun an war er ohne jede Frage erwachsen.

Ich mochte ihn nicht, aber mein Herz war schwer, als ich ihn in der Dämmerung verschwinden sah. In diesem Augenblick verkörperte er alle möglichen Dinge, die mir wertvoll erschienen, und ich hätte viel darum gegeben, neben ihm herzugehen, den Blick nach Hause gerichtet und meinen Rücken dem grauen, widerwärtigen Ort zugewandt, in den ich mit meiner verzweifelten Einsamkeit zurückkehren musste. Gleichwohl ging ich mit entschlossenen Schritten, damit sich meine Seele ein Beispiel am Mut meines Körpers nahm. Ich dachte angestrengt an die Erzählungen meines Bruders, an meine Spielkiste, die ich für die Reise gepackt hatte, an das Geld in meiner Tasche, das nun durch die unerwartete Großzügigkeit meines Bruders noch vermehrt worden war. Und dank dieser gewaltsamen geistigen Übung befand ich mich in einer Art behaglicher Benommenheit, als ich am Schultor ankam. Dort erfasste mich tiefe Scheu, und obgleich ich Licht in den Klassenräumen sah und die Stimmen von Schuljungen hörte, blieb ich wie angewurzelt im Schulhof stehen und wusste nicht, wo ich hingehen sollte. Der Nebel gab den Lichtern verschwommene Konturen, und der beißende Geruch von verbranntem Laub drang mir in die Nase.

Ich stand dort vielleicht eine Viertelstunde, als ein Junge kam und mich ansprach, und der Klang seiner Stimme war wie ein Schock für mich. Ich glaube, es war das erste Mal in meinem Leben, dass ein Junge freundlich mit mir redete. Er fragte mich nach meinem Namen und meinte, dass es in fünf Minuten Abendessen gebe und ich schon in den Speisesaal gehen und dort warten könne. »Du musst dir keine Sorgen machen, weißt du«, sagte er, bevor er weiterging, »das sind keine so üblen Burschen hier.« Der plötzliche emotionale Umschwung führte fast zu einer Katastrophe, denn mir stiegen Tränen in die Augen, und mit schwindelndem Kopf sah ich ihm hinterher. Ich hatte mich darauf eingestellt, Schläge und Beleidigungen seelenruhig zu ertragen, aber ich hatte keinen Panzer, mit dem ich mich gegen die noblen Waffen der Anteilnahme und Kameradschaft wappnen konnte. Sie waren stärker als der trotzige Hass, den ich mir dem Leben gegenüber angewöhnt hatte, und machten mich wehrlos. Es war, als wäre ich dem Helden aus einem Traum begegnet.

Als ich beim Abendessen an einer langen Tafel saß, auf der Platten mit Butterstullen und Käse standen, sah ich meinen Freund am anderen Ende des Saals sitzen, und so fragte ich den Jungen neben mir, wer das sei. »Oh«, sagte er, nicht ohne mein Erröten zu bemerken, »du meinst die trübe Tasse da drüben? Er ist fromm, weißt du, liest die Bibel und kneift beim Sport und so.«

Es gibt Dinge, die kein Schüler mit Selbstachtung vergeben kann. Ich war zu der Einsicht gekommen, dass es nicht angenehm war, ein Außenseiter zu sein, und dass ich alles in meiner Macht Stehende versuchen wollte, um an meiner neuen Schule als normaler Junge zu gelten. Meine Erlebnisse in London hatten mich Vorsicht gelehrt, und so war ich sehr darauf bedacht, meine Position nicht schon gleich am Anfang dadurch zu gefährden, dass ich mich mit jemandem anfreundete, der unbeliebt war. Also nickte ich nur verständnisinnig und betrachtete meinen neu entdeckten Helden mit einem Ausdruck tiefer Verachtung.

## II

Die darauf folgenden Tage waren nicht so unerfreulich, wie mein erster grauer Eindruck von dem Ort es erwarten ließ. Zu meiner eigenen Überraschung meisterte ich den Stoff im Unterricht ziemlich mühelos, so dass ich mit den Lehrern gut auskam, und die anderen Jungs waren auf ihre achtlose Art recht nett zu mir. Ich besaß jede Menge Taschengeld, und obwohl ich beim Fußball keine Leuchte war, denn in London hatte ich den großen Jungen immer nur beim Rugby zugeschaut, machte es mir keine Angst, herumgeschubst zu werden, und mehr wurde von einem Neuen nicht erwartet. Der größte Teil meiner Verlegenheit rührte von meiner Abneigung her, Fragen zu stellen – eine Schwäche, die mich immer in die Klemme brachte. Allerdings waren meine Bemühungen, die Mitschüler für mich einzunehmen, nicht erfolglos, und während ich zwar vergeblich auf spannende Abenteuer wartete, wie mein Bruder sie erwähnt hatte, fand ich manchmal an meinem neuen Leben geradezu Gefallen.

Doch dann »wachte ich auf«, wie die Kinder auf den Straßen von London sagen, und entdeckte, dass ich entsetzliches Heimweh hatte. Zum Teil war das zweifellos eine ganz natürliche Reaktion, aber es gab noch offensichtlichere Gründe. Zunächst einmal hatte meine übertriebene Großzügigkeit schon in den ersten drei Wochen mein Taschengeld aufgezehrt, und ich schämte mich, so bald schon nach Hause zu schreiben und um mehr zu bitten. Dieses schnelle Ende meines scheinbaren Reichtums machte es den Jungs leicht, herauszufinden, dass ich keiner der ihren war, und sie sahen mich schief an und schlossen mich aus ihren Gesprächen aus. Erneut bekam ich das Gefühl, unter einem Unglücksstern geboren zu sein, der mir nicht erlaubte, so zu reden oder mich zu verhalten wie sie. Ich hatte nicht ihren

Allerweltsverstand, ihre ausgelassene Fröhlichkeit, ihren vollkommenen Mangel an Feingefühl, und während sie mir meine Andersartigkeit verübelten, ahnten sie nicht, wie sehr ich mich danach sehnte, ein ganz normaler Junge zu sein. Als ich merkte, dass sie mir misstrauten, war ich – wie die arme trübe Tasse – zu stolz, die Krümel vom Tisch ihrer Geselligkeit anzunehmen, und ich zog mich in eine Einsamkeit zurück, die mir viel zu viel Zeit ließ, mich in meine Gefühle zu versenken. Ich fand all die entlegenen Winkel der Schule, in denen man allein sein konnte, und wenn die anderen Jungs zu ihren Streifzügen durch die Felder aufbrachen, blieb ich auf dem Kirchhof bei der Schule, störte die Schafe bei ihrer Meditation zwischen den Grabsteinen und sann darüber nach, wie lange es wohl noch dauerte, bis ich alt genug zum Sterben war.

Nun, da die erste Frische meiner neuen Umgebung verflogen war, erschien mein Leben als eine Reihe von grauen Bildern, die sich Tag für Tag wiederholten. In meinem Bewusstsein war jedes dieser Bilder mit einem anderen Glockenklang verbunden. Ich erwachte morgens in einem Bett, das wie alle anderen Betten war, und lauschte auf dem Rücken liegend den leisen Schlafgeräuschen der Jungs. Dann klingelte die Schulglocke, und der Schlafsaal war im Nu in tobendem Aufruhr mit Wassergespritze, herunterfallenden Haarbürsten und brüllendem Gelächter, denn diese übermenschlichen Jungs konnten schon vor dem Frühstück lachen. Dann trotteten wir alle nach unten, und ich überwand mich, in einem Raum, der nach Hering roch, schlechten Kaffee zu trinken. Die nächste Glocke rief uns zum Gottesdienst, und den ganzen Morgen über riefen uns in Abständen Glocken von einem Unterricht zum nächsten. Das Mittagessen war die einzige anständige Mahlzeit, die wir am Tag bekamen, und da es immer sehr gut war und mein Appetit ungebrochen, sah ich ihm voller Erwartung entgegen. Nach dem Essen spielten wir Fußball. Ich mochte das Spiel recht gern, doch das ganze Drum und Dran von Matsch und verlassenen grauen Feldern machte mich schaudern, und da ich im Tor stand, brachte ich die Momente, in denen ich nichts zu tun hatte, damit zu, meine ästhetischen Eindrücke zu erhärten. Ich kann das Wort Fußball noch heute nicht lesen, ohne mich an das merkwürdige Gefühl zu erinnern, wenn der Matsch auf meinen nackten Knien trocknete. Nach dem Fußball gab es weiteren Unterricht, bei dem es manchmal schwerfiel, wach zu bleiben, denn die Schule war alt, und die schlecht belüfteten Klassenräume wirkten nach der frischen Luft noch stickiger. Dann rief uns die Glocke zum Abendgottesdienst und zum Tee – eine Mahlzeit, die wir, wenn wir das nötige Geld oder ein Fresspaket von Zuhause hatten, mit Sardinen, Eiern und Marmelade aufbessern durften. Nach dem Tee hatten wir etwa zwei Stunden für uns, dann folgten Hausaufgaben, Abendbrot und das Bett. Alles wurde von einer Glocke angekündigt, und hin und wieder hörte ich sogar mitten im Unterricht die Kirchenglocke zu einem Begräbnis läuten.

Ich glaube, mein Hass auf Glocken rührt aus meiner frühen Kindheit her, als die Dorfkirche, die nur drei Glocken hatte, jeden Sonntagabend den ersten Takt von »Schlaf, Kindlein, schlaf« eine Million mal spielte, bis ich wegen der Eintönigkeit und aus Verdruss über die nicht zu Ende geführte Melodie hätte weinen können. Doch in der Schule musste ich stündlich für meine Voreingenommenheit büßen. Besonders litt ich abends während der Hausaufgaben, wenn sie in der Kirche unerträglich lange die Abendglocken läuteten, denn dies waren friedliche Stunden, auf die ich mich immer freute. Wir lernten in der Aula für den Unterricht des nächsten Tages, und ich breitete meine Bücher auf dem Pult aus und ließ meine Beine von der Bank baumeln, zufrieden, dass ich den mühseligen Tag glücklich überstanden hatte. Über mir brannten leise zischend die Gasstrümpfe, und rings um mich her hörte ich den verhaltenen Atem der Mitschüler, wie das sanfte Geflatter von Nachtfaltern. Und dann plärrte plötzlich der erste Schlag der Abendglocke durch die Stille, schallte mit näselnden Echos unter der hohen Decke wider und zerstörte mit hartnäckigen Schwingungen meinen Seelenfrieden. Da bereitete es mir nur geringe Genugtuung, Wilhelm den Eroberer zu verwünschen, der, wie ich dem Geschichtsbuch entnahm, für diese ausgeklügelte Tyrannei verantwortlich war. Die langen Pausen zwischen den Schlägen hielten mich in ständiger Anspannung, bis ich am liebsten geschrien hätte. Ich schaute mich nach Gleichgesinnten um und sah die Schüler über ihre Aufgaben gebeugt und den Aufsichtslehrer in ein Buch vertieft. Die Glocke schlug jeden Abend, und sie nahmen es nicht einmal wahr.

Die einzige Glocke, die ich gerne hörte, war die letzte, die uns zu unserem kurzen Abendbrot und zu Bett rief, denn wenn das Licht aus war und ich unter meiner Decke lag, konnte ich tun und lassen, was ich wollte, ich konnte denken oder träumen oder weinen. Es machte eigentlich keinen Unterschied, ob man in der Schule oder anderswo im Bett lag. Und manchmal stattete ich die Dunkelheit im Schlafsaal mit den Möbeln meines kleinen Schlafzimmers zuhause aus und tat so, als wäre ich glücklich. Doch in der Regel war ich, wenn ich ins Bett ging, vom Tag so mit Tränen angefüllt, dass ich mir die Decke über den Kopf zog, damit die anderen nicht merkten, dass ich Heimweh hatte, und weinte, bis ich ganz klebrig war vor Schweiß und Tränen.

Die Schuldisziplin machte aus uns keine braven Jungs, aber sie machte uns zivilisiert: sie lehrte uns, unsere

Freveltaten zu verheimlichen. Und da Heimweh mit Recht als Frevel der Undankbarkeit an der Obrigkeit und der Gesellschaft insgesamt betrachtet wurde, musste ich meine Schwäche tagsüber bezähmen, und als Reaktion auf diese Selbstbeherrschung fühlte sich die Tränenflut in der Nacht geradezu wie ein Luxus an. Meine Sehnsucht nach zuhause gründete auf Kleinigkeiten, war aber deshalb nicht weniger leidenschaftlich. Ich hasste dieses Leben, in dem man ständig auf nackten Dielen umherlief, und die kahlen Wände und gewachsten Schulbänke wirkten ausgesprochen schäbig auf mich. Wenn ich gelegentlich das Arbeitszimmer eines Lehrers betrat, einen Teppich unter den Füßen spürte und ein ansprechendes Durcheinander von Pfeifen und Romanen auf dem Tisch liegen sah, fühlte ich mich wie an einem heiligen Ort, und ich betrachtete den Kaminvorleger, die Tapeten und gepolsterten Stühle mit einer Art verzweifelter Liebe zu Dingen, die man gerne ansieht und berührt. Wären wir in einem Armenhaus, in einem Gefängnis oder einer Irrenanstalt gewesen, die Umgebung hätte wohl ziemlich die gleiche ästhetische Anmutung gehabt wie die Schule. Und wenn ich später mit den Cricket- und Fußballmannschaften zu anderen Schulen fuhr, vermittelten sie mir alle den gleichen Eindruck sauberer Hässlichkeit. Es ist daher nicht weiter überraschend, dass nur wenige Jungen die Schule verlassen und noch über jenes Gefühl für Farben und Formen verfügen, das fast allen Kindern gemein ist.

Es hatte etwas Abstoßendes für mich, dass wir uns alle mit der gleichen Seife wuschen, aus den gleichen Bechern tranken und insgesamt die gleichen Dinge zur gleichen Zeit taten. Der Stundenplan stahl dem Leben all jene zufälligen Abweichungen, die es interessant machen. Unsere Mahlzeiten, unsere Spiele, sogar unsere Freistunden schienen nur wie unterschwellige Schulaufgaben. Wir mussten zu ' einer gewissen Stunde essen, ob wir hungrig waren oder nicht, wir mussten zu einer bestimmten Stunde spielen, wenn wir vielleicht lieber still irgendwo gesessen hätten. Die ganze Schuldisziplin war darauf ausgerichtet, Gewohnheiten auf Kosten unserer Denkfähigkeit auszubilden. Doch zu meinem Erstaunen stellten die Schüler selber Verhaltensregeln auf, die unsere Lebensmöglichkeiten noch weiter einschränkten. Es war schlecht angesehen, zu viel zu lesen, an anderen Tagen als am Sonntag nach Hause zu schreiben, außerhalb der dafür vorgesehenen Stunden zu arbeiten, mit den Externen zu reden, mit den Lehrern Kontakt zu pflegen, beim Bootsrennen auf der Seite von Cambridge zu sein – kurzum, Meinungen zu vertreten oder Beschäftigungen nachzugehen, die von der Mehrheit nicht gebilligt wurden. Nur indem ich mich in irgendwelchen Winkeln versteckte, konnte ich meinen Gedanken freien Lauf lassen, und obgleich mich die Erinnerungen an meine relative Freiheit zuhause oft trübselig stimmten, hing ich ihnen doch lieber nach, als mich damit zu beschweren, die kleinen Regeln einer Gesellschaft zu übertreten, für die ich in keiner Weise geschaffen war.

Es waren schwarze Tage, die noch schwärzer wurden durch die krankhafte Furcht vor meiner Schwäche, jeden Moment losweinen zu müssen, manchmal sogar ohne erkennbare Ursache. Ich befand mich oft am Rande des Abgrunds, aber die Angst vor dem Spott meiner Mitschüler verhinderte, dass ich mich öffentlich blamierte. Einmal rief der Direktor einen Schüler zu sich ins Büro, und er kam mit roten Augen und verquollenem Gesicht wieder heraus. Als sie hörten, dass seine Mutter überraschend in Indien gestorben war, nahmen die Jungs an diesem Ausdruck der Trauer keinen Anstoß und fanden ihn sehr achtbar, vor allem weil er niemanden sehen ließ, wie er weinte. Ich für meinen Teil betrachtete diesen Jungen, der seinen Schmerz überall zeigen konnte, mit einem gewissen Neid. Auch ich empfand eine unstillbare Trauer über den Verlust meines Zuhauses, das in jenen einsamen und verlassenen Tagen für mich gestorben war. Aber ich konnte sie nur zwischen den Grabsteinen auf dem Kirchhof herauslassen oder nachts, gedämpft unter der Bettdecke, wenn der stille Schlafsaal argwöhnisch zu lauschen schien.

## III

Eine tröstende Lebensweisheit, die leider nicht in Großbuchstaben in den Bilderbüchern der Kinder steht, besagt, dass Traurigkeit genauso vergänglich ist wie Glücklichsein. Obgleich meine Kindheit gut bestückt war mit Gedenkkränzen für überstandenen Jammer, hatte ich immer das bedrückende Gefühl, mein gegenwärtiger Schlamassel werde nie aufhören. So hatte ich mich schon damit abgefunden, dass sich an meinem Unglück in der Schule nichts ändern würde, als zwei Menschen, die ich für vollkommen unerreichbar gehalten hatte, mir eine neue Sichtweise vermittelten und mich mit dem Leben versöhnten. Der erste war ein Lehrer, der mich in einem meiner Verstecke beim Weinen ertappte und in sein Arbeitszimmer mitnahm und dort mit mir zu reden versuchte. Freundlichkeit machte mich schon immer sprachlos, und während ich in seinem großen Korbsessel saß und den wunderbaren Duft seiner Pfeife einatmete, äußerte ich mich nur einsilbig und unter kläglichen Schluchzern. Dennoch schien er mich sehr gut zu verstehen; er sagte zwar nicht viel, doch spürte ich an der Art, wie er vor sich hin paffte und dabei enorme Rauchwolken ausstieß, dass er Verständnis für mich hatte. Er lud mich ein, ihn zweimal in der Woche zu besuchen und außerdem freien Gebrauch von seinen Büchern zu machen, und im Großen und Ganzen gab er mir zu verstehen, dass mein Unglück kein Verbrechen sei. Das tat mir wohl, denn ein großer Teil meines Unglücks rührte daher, dass die immerwährende Herabsetzung durch die Mehrheit mir jede Selbstachtung geraubt hatte. Es ist besser für einen Jungen, eingebildet zu sein, als sich seiner Natur zu schämen und zu schaudern, wenn er sein Gesicht im Spiegel sieht.

Mein zweiter Wohltäter zählte noch zu den Jungen, obwohl er in Wirklichkeit fast so alt war wie der Lehrer und am Ende des Schuljahres nach Oxford gehen würde. Er legte mir eines Abends die Hand auf die Schulter und umrundete mit mir wieder und wieder in der Dämmerung das große Rhododendron-Rondell in der Auffahrt vor der Schule. Ich verstand kaum die Hälfte dessen, was er sagte, aber zu meiner großen Überraschung gestand er mir, dass er in der Schule immer unglücklich gewesen war, obwohl er am Ende der Beste im Unterricht, im Sport, in allem war. Ich war natürlich über die Maßen geschmeichelt, dass dieser Gigant mit mir von gleich zu gleich sprach und mich ins Vertrauen zog. Aber noch mehr beglückte mich das ermutigende Licht, das er aufs Schulleben warf. »Du bist hier nur kurze Zeit, weißt du. Du wirst staunen, wie kurz es ist. Und gräme dich nicht, weil du anders bist. Ich bin auch anders; es ist prima, anders zu sein.« Ich war nicht an Menschen gewöhnt, die einen so weiten Horizont hatten, und seine Stimme klang im Halbdunkel wie aus dem Märchenbuch. Doch obwohl sein Monolog mir eine vollkommen neue Lebensauffassung vermittelte, ist mir davon nichts geblieben, außer seiner letzten kritischen Anmerkung. »Trotzdem verstehe ich nicht, warum du immer schmutzige Fingernägel haben musst.« Er redete danach nie wieder vertraulich mit mir, und ich wäre lieber gestorben, als ihn an seine freundliche Vertraulichkeit zu erinnern. Aber wenn er auf dem Schulhof an mir vorüberkam, schien er mich mit einer Art zugeknöpftem Interesse zu mustern, und es kam mir in den Sinn, dass meine Andersartigkeit am Ende doch nichts Schlimmes war, sondern vielleicht sogar etwas, auf das man stolz sein konnte.

Der Wert, den diese Entdeckung für mich hatte, lässt sich kaum übertreiben. Bis dahin hatte ich im Umgang mit den anderen Jungs nur verlorene Schlachten geschlagen, denn ich war immer wie selbstverständlich davon ausgegangen, dass sie im Recht waren und ich im Unrecht. Doch jetzt, da ich auf die erstaunliche Theorie gestoßen war, dass ein Individuum das Recht hat, selber zu denken, sah ich klar und deutlich, dass die meisten ihrer Verhaltensregeln und Maßstäbe ihrer schafgleichen Dummheit entsprangen. Sie bewegten sich in der Herde, weil sie nicht den Mut hatten, einen eigenen Weg zu finden. Das unmittelbare Ergebnis dieses neuen Lebensentwurfs war, dass ich enorm eingebildet wurde und mich unter meinen Mitschülern mit geheimnisvoller Überlegenheit bewegte und das Gebaren eines Byron in Knickerbockern an den Tag legte. Meine Unbeliebtheit stieg sprunghaft an, aber ebenso wuchs meine innere Standhaftigkeit. So akzeptierte ich die verspäteten Versuche meiner Schulkameraden, die Intelligenz aus mir herauszuprügeln, als Tribut, den ich für meine Individualität zu zahlen hatte. Nachts in meinem Bett weinte ich nicht mehr, sondern lag wach, verzückt von der Tiefe meiner Gedanken. Nachdem ich jahrelang nicht an meiner Unterlegenheit gezweifelt hatte, schwelgte ich jetzt ausgiebig in geistigem Hochmut, und ich wunderte mich über den kleinen Jungen von früher, der geweint hatte, weil es ihm nicht gelang, ein Dummkopf zu sein. Es war die Verwandlung des hässlichen Entleins, und ich sah mein Schwanenkleid in den selbstgefälligen Gesichtern der Jungs gespiegelt wie in den unberührten Wassern eines Teichs. Noch hatte ich keine Ahnung von der Mauser, geschweige denn davon, dass ich eines Tages die Enten um ihre traute Häuslichkeit und die gedankenlose Ruhe ihres Lebens beneiden sollte. Man mag es einem kleinen Jungen nachsehen, wenn er nicht begreift, dass Hans Christian Andersens Geschichte nur das Vorspiel zu einer weit traurigeren Geschichte ist, die zu schreiben er nicht das Herz hatte.

Meine neu gewonnene geistige Freiheit ermutigte mich, die emotionalen und ästhetischen Werte meiner Umgebung in Frage zu stellen. Ich konnte mich nicht dazu überreden, den Glockenklang zu mögen, und das Wintergrau des Landes stieß mich unverändert ab, als hätte ich das fröhliche Rot und Grün und Blau der Bilderbücher noch nicht vergessen, die mich als Kind mit dem Traum einer wunderschönen Welt erfüllt hatten. Doch mittlerweile war ich klug genug, aus meiner unmännlichen Empfindsamkeit das Beste zu machen. Ich begann, an bestimmten Teilen des Schullebens Gefallen zu finden. Zwar fehlte mir jeder erkennbare Sinn fürs Religiöse, aber ich liebte die gewaltigen Worte der Psalmen, die wir abends in der Schulkapelle lasen. Das lag nicht an einer frühreifen Würdigung ihrer poetischen Kraft, sondern daran, dass ihre intensive Bildsprache alle möglichen Erinnerungen und Phantasien in mir wachrief. Ich sah den Hirsch nach frischem Wasser dürsten in den Tälern von Exmoor, wo ich einst traumhafte Ferien verbracht hatte. Ich sah die Männer, die mit Schiffen aufs Meer fuhren, den Sturmwind und die taumelnden, vor Angst verzagten Seeleute, denn ich hatte einen gewaltigen Sturm vor Flamborough Head erlebt. Selbst unbestimmte Ausdrücke wie »die Berge« erfüllten mich mit inniger Freude. Ich sah sie so klar vor mir – diese kreidigen, mit wilden Stiefmütterchen überwachsenen Berge und darüber ein strahlend blauer Himmel – wie den Deckel einer Pralinenschachtel. Auch die Gottesdienste in der alten Kirche am Sonntagabend machten mir Freude. Wenn die Lichter während der Predigt gedämpft wurden, hielt ich mir die Ohren zu und hörte die Stimme des Predigers wie fernes Bienengesumm. Nach dem Gottesdienst probte die Chorgemeinschaft in der Aula, und während ich durch die Schulgebäude spazierte, flogen mir Gesangsfetzen wie kurze Windböen ins Gesicht. Wenn ich an der Tür meines Klassenzimmers lauschte, hörte ich, wie die Jungs über Fußballspiele redeten oder sich ihrer nimmermüden Begeisterung für phantasielose Berühmtheiten hingaben. Ich stand dann draußen auf der Fußmatte und fragte mich, ob sie mich, wenn ich einträte, wohl lesen lassen würden.

Dem Dienstagabend, an dem ich baden durfte, sah ich fast genauso freudig entgegen wie dem Sonntag. Die Sanitärvorrichtungen in der Schule waren primitiv, das ganze Wasser musste in Eimern herangeschafft werden, und ich sah dem Mann dabei zu, wie er das heiße Wasser in die Badewanne goss und mit seinem großen Körper zurückschnellte, um dem Dampf auszuweichen, der die Ärmel seines grauen Flanellhemds an seine behaarten Arme klebte. Die meisten Jungs schütteten eine Menge kaltes Wasser dazu, aber ich badete gern heiß, weil die anschließende Mattigkeit dann so angenehm war. Die Hausmutter brachte uns unsere eigenen, am Feuer gewärmten Handtücher, und ich presste meines dann gegen das Gesicht, weil es nach Kindheit und Zuhause roch. Ich fand meinen Körper nach einem richtig heißen Bad immer ganz ansehnlich; seine rosige Farbe erfüllte mich mit Nachsicht gegenüber dem Umstand, dass ich zu dick war.

Eine recht lebhafte Erinnerung verbindet sich mir mit dem einzigen Lehrer der Schule, den ich nicht ausstehen konnte. Er war Deutscher, und wie es auch bei anderen Angehörigen dieser Nation der Fall ist, sprühte, wenn er wütend war, ein regelrechter Speichelregen von seinen Lippen, und bei solchen Gelegenheiten wich ich ihm immer voller Entsetzen aus. Vielleicht war das der Grund, warum er mich stets ungerecht behandelte und sich überflüssigerweise bemühte, mich vor den anderen Jungs lächerlich zu machen. Eines Abends vertrat ich mir auf dem Schulhof die Beine, und da hörte ich ihn in seinem Arbeitszimmer Geige spielen. Mein Musikgeschmack war banausisch; ich liebte Couplets, die ich mit ergriffener Stimme vor mich hin sang, und in London hatte das elegische Geplärre der Drehorgeln meinen Sorgen eine rhythmische Struktur verliehen. Doch jetzt erlebte ich vielleicht zum ersten Mal die grenzenlose Melancholie, die aller großen Musik innewohnt. Es kam mir so vor, als hätte sich der deutsche Lehrer, der Mann, den ich hasste, allein in seinem Zimmer eingeschlossen, um laut zu weinen. Wenn er unglücklich war, so lag es zweifellos daran, dass auch er ein Außenseiter war, eine Persönlichkeit – jemand, der anders war. Eine große Sympathie erwachte in mir, und ich lugte durch das Fenster und sah ihn mit schweißglänzendem Gesicht musizieren, ein seidenes Taschentuch unter dem Kinn. Ich hätte nur zu gern an seine Tür geklopft und ihm gesagt, dass ich über all diese Dinge Bescheid wusste, aber ich hatte Angst, er würde mich für unverschämt halten und mir seine Speicheltropfen ins Gesicht spucken.

Am nächsten Tag in seinem Unterricht betrachtete ich ihn im Licht meines neuen Verständnisses voller Hoffnung, aber das schien ihn nicht zu beeindrucken. Er sagte nur, ich solle weiterarbeiten.

# IV

Das Schuljahr neigte sich dem Ende zu, und die meisten Jungs in meiner Klasse hakten die Tage auf Listen ab, auf denen die Sonntage in roter Tinte geschrieben waren zum Zeichen, dass sie eigentlich nicht zählten. Im Lauf der Zeit wurden sie immer ausgelassener. Wo ich auch hinging, hörte ich sie erzählen, wie sie ihre Ferien verbringen wollten. Es überraschte mich, dass diese Jungs, die während der Schulzeit so durch und durch gewöhnlich waren, in den Ferien ein so abenteuerliches Leben führten, und ich neidete ihnen ihr Glück ein wenig. Sie sprachen auf so selbstverständliche Weise über Theaterbesuche und Auslandsreisen, dass mir mein eigenes Leben zuhause unzureichend vorkam. Ich war nie aus England herausgekommen, und meine Kenntnis des Theaters beschränkte sich auf Pantomimen, für die diese begeisterten Anhänger der Operette nur Verachtung übrig hatten. Manche von ihnen durften in den Ferien mit echten Gewehren schießen, was mich an die schlimmsten Exzesse meines Bruders in Yorkshire erinnerte. Bei der Betrachtung meines eigenen Lebens war ich oft zu dem Schluss gelangt, Abenteuer existierten allein in Büchern. Doch die Jungs erschütterten diese tröstliche Annahme, und ich dachte einmal mehr, dass vielleicht nur ich das Pech hatte, dass sie mir nicht begegneten. Ich begann zu fürchten, ich würde die Ferien nur langweilig finden.

Es gab noch andere Überlegungen, die mich das Ende des Schuljahrs mit unguten Gefühlen erwarten ließen. Seit meiner Erkenntnis, dass ich ein bemerkenswerter Junge war, hatte ich mein Schulleben ziemlich genossen. Ich hatte ein Bild von mir entworfen, in dem ich würdevoll gemessen vor dem Hintergrund der anderen Jungs einherstolzierte – einem Hintergrund, der sich bewegte, aber nicht änderte, so wie ein sich im Wind blähender Wandbehang.

Ich war mir sicher, zu Hause würde man nicht dulden, dass ich mich sonderlich aufspielte. Das Maß an Freiheit, das einem jüngsten Bruder zugestanden wurde, würde sich wohl im Vergleich mit der geistigen Freiheit, die ich mir in der Schule erkämpft hatte, bescheiden ausnehmen. Meine Brüder waren auf ihre Art alle ganz in Ordnung, aber sie erwarteten von mir, dass ich meinen Platz im Hintergrund einnahm und tat, was man mir sagte. Das Gefühl, meiner Umgebung überlegen zu sein, würde mir fehlen, und meine hochemotionalen Sonntage würden die Zeit nicht länger in Wochen gliedern. Je mehr ich darüber nachdachte, desto klarer wurde mir, dass ich nicht nach Hause wollte.

Als in der letzten Nacht des Schuljahrs der Schlafsaal endlich zur Ruhe gekommen war, betrachtete ich die ganze Sache noch einmal von einem objektiven Standpunkt aus. Das Packen meiner Spielkiste und die Beschriftung der Koffer-Anhänger hatte mich kurz in freudige Aufregung versetzt, aber danach bewegte ich mich unter meinen aufgeregten Kameraden mit fröstelndem Herzen. Ich wusste jetzt, dass ich zu begierig nach Leben war, dass mir die schönen Seiten der Dinge immer dann einfielen, wenn sie für mich nicht mehr erreichbar waren. Aber andererseits war meine Unzufriedenheit nicht vollkommen grundlos. Ich hatte in drei Monaten mehr über mich gelernt als in meinem ganzen Leben zuvor, und der ehemals nervöse, überspannte Junge war zu einem vollständigen Verständnis seiner Gefühle vorgedrungen, die er mit einer beinahe erwachsenen Seelenruhe erforschte. Ich wusste, dass die Heimkehr in die Gesellschaft meiner gesunden, unbedarften Brüder mich auf eine Lebensart zurückwarf, für die ich nicht länger taugte. Ich hatte mich verändert, aber ich sah voraus, dass diese Veränderung ihnen nicht gefallen konnte und dass ich folglich einen weiteren und härteren

Kampf zu bestehen hatte, bevor ich meinen eigenen Weg gehen konnte.

Ich sah sogar noch weiter voraus. Ich sah, dass ich nach einem Monat zuhause keine Lust mehr haben würde, zur Schule zurückzukehren, und dass mir also wieder eine Zeit der Bedrückung bevorstand. Ich sah voraus, dass mein gesamtes Schulleben von solchen wiederkehrenden Entwurzelungen geprägt sein würde, dass der stete Wechsel von Schulzeit und Ferien es mir unmöglich machen würde, das Leben in eine behagliche Gewohnheit zu verwandeln und dass ich bis zum Ende meiner Schultage mein neu entdecktes Selbstbewusstsein würde beschützen müssen.

Während ich so in der Dunkelheit lag und nachdachte, war ich stolz auf die Klarheit meiner Gedanken und froh, dass ich endlich der Tränen Herr geworden war, die meine Kindheit so unglücklich gemacht hatten. Ich hörte die Jungs um mich herum leise atmen – diese beneidenswerten Jungs, die schlafen konnten, selbst wenn sie aufgeregt waren –, aber ich fühlte, dass ich ihnen etwas voraushatte, weil ich nachdachte, während sie schliefen. Ich erinnerte mich an den Vertrauensschüler, der mir gesagt hatte, wir seinen nur eine kurze Zeit hier, aber ich spekulierte nicht darüber, was danach kam. Alles, was ich tun musste, war, mich selbst sorgfältig zu beobachten und mir alles erklären zu können, was ich empfand und tat. So würde ich immer stark genug sein, meine Schwächen vor den Augen der eifersüchtigen Welt zu verbergen, in der ich lebte.

Die Kirchenglocken schlugen die Stunde, und ich drehte mich um und schlief ein.

# Auf der Landstraße von Brighton

Langsam war die Sonne über die kahlen weißen Hügel der *Downs* geklettert, bis sie, ohne sich lange mit dem geheimnisvollen Ritual der Dämmerung aufzuhalten, über einer glitzernden Schneewelt erstrahlte. Über Nacht hatte es strengen Frost gegeben, und die Vögel, die hier und da mit schwachem Lebensmut umherhüpften, hinterließen auf dem silberglänzenden Untergrund keine Spuren. An manchen Stellen unterbrachen schützende Hecken die weiße Eintönigkeit, die sich über die Farben der Erde gebreitet hatte, und darüber changierte der Himmel von Orange zu tiefem Blau und zu einem so blassen Blau, dass er eher an einen Schirm aus dünnem Papier als an die unendliche Weite des Alls denken ließ. Über die ebenen Felder zog ein kalter, lautloser Wind, der feinen Schneestaub von den Bäumen blies, die weiß bekrönten Hecken jedoch kaum rührte. Nachdem sie den Horizont einmal überwunden hatte, schien die Sonne schneller aufzusteigen, und die Wärme, die sie aussandte, mischte sich in die Schärfe des Winds.

Vielleicht war es dieser seltsame Wechsel von Wärme und Kälte, der den Landstreicher aus seinen Träumen aufstörte, denn einen Moment lang strampelte er unter dem Schnee wie jemand, der sich im Bettzeug verheddert hat, doch dann setzte er sich auf und blickte sich verblüfft um. »Großer Gott! Ich dachte, ich wär im Bett«, sagte er zu sich, während er das Bild der verwaisten Landschaft in sich aufnahm, »dabei war ich die ganze Zeit hier draußen.« Er räkelte sich, stand vorsichtig auf und klopfte den Schnee von sich ab. Der Wind machte ihn frösteln und erinnerte ihn an die Wärme seines Lagers.

»Na, ich fühl mich doch ganz gut«, dachte er. »Wahrscheinlich kann ich froh sein, dass ich überhaupt noch aufgewacht bin. Oder vielleicht auch nicht – so toll ist es eigentlich gar nicht, wieder ins Leben zurückzukehren.« Er hob den Blick und sah die *Downs* unter dem blauen Himmel glitzern wie die Alpen auf einer Ansichtskarte. »Das heißt wohl nochmal vierzig Meilen«, dachte er grimmig. »Gott weiß, was ich gestern geschafft habe. Bin den ganzen Tag gelaufen, bis ich am Ende war, und jetzt sind es nur noch zwölf Meilen bis Brighton. Zum Teufel mit dem Schnee, Brighton und allem!« Die Sonne stieg höher und höher, und er begann geduldig die Straße entlangzuwandern, den Rücken der Hügelkette zugekehrt.

»Bin ich froh oder traurig, dass es nur Schlaf war, der mich übermannt hat, froh – traurig, froh – traurig?« Seine Gedanken bildeten eine rhythmische Begleitung zum stetigen Stapfen seiner Schritte. Er suchte eigentlich keine ernsthafte Antwort auf seine Frage. Es ließ sich einfach gut dazu gehen.

Bald darauf, nachdem drei Meilensteine vorübergetrödelt waren, überholte er einen Jungen, der sich vorbeugte, um eine Zigarette anzuzünden. Er trug keinen Mantel und sah vor dem Schnee unsagbar zerbrechlich aus. »Auf Wanderschaft, Chef?«, fragte der Junge heiser, als der Landstreicher vorbeiging.

»Ich denke schon«, sagte der.

»Oh, dann komm ich ein Stückchen mit, wenn Sie nicht zu schnell gehen. Um diese Tageszeit ist es ein bisschen einsam zum Wandern.«

Der Landstreicher nickte, und der Junge begann neben ihm her zu humpeln.

»Ich bin achtzehn«, sagte er beiläufig. »Ich wette, Sie haben mich für jünger gehalten.«

»Fünfzehn hätte ich gesagt.«

»Die Wette hätten Sie also verloren. Achtzehn im letzten August, und ich bin seit sechs Jahren auf der Straße. Ich bin fünf Mal von zu Hause abgehauen, als ich noch klein war, und die Polizei hat mich jedes Mal zurückgebracht. Die war sehr nett zu mir, die Polizei. Jetzt habe ich kein Zuhause mehr, von dem ich abhauen kann.«

»Ich auch nicht«, sagte der Landstreicher ruhig.

»Ach, ich merke schon, was Sie sind«, keuchte der Junge, »Sie sind ein Gentleman, der mal bessere Tage gesehen hat. Für Sie ist es schwerer als für mich.« Der Landstreicher warf der humpelnden, schmächtigen Gestalt einen kurzen Blick zu und verlangsamte seinen Schritt.

»Ich bin noch nicht so lang dabei wie du«, gab er zu.

»Nein, das hab ich schon an der Art gemerkt, wie Sie gehen. Sie sind noch nicht müde geworden. Vielleicht erwarten Sie was am anderen Ende?«

Der Landstreicher dachte kurz nach. »Ich weiß nicht«, sagte er bitter, »ich erwarte immer irgendetwas.«

»Das legt sich noch«, bemerkte der Junge. »In London ist es wärmer, aber dafür ist es schwerer, an was zu futtern zu kommen. Es hat wirklich nicht viel zu bieten.«

»Aber man kann immer auf jemanden stoßen, der Verständnis hat ...«

»Auf dem Land sind die Leute netter«, unterbrach der Junge. »Gestern Abend habe ich umsonst in einem Kuhstall geschlafen, und heute Morgen hat mich der Bauer aufgestöbert und mir Tee und ein Stück Brot gegeben, weil ich so klein bin. Klar, da mache ich Punkte; aber in London gibt's abends ne Suppe am Embankment, und den Rest der Zeit vertreiben einen die Bullen.«

»Ich bin gestern am Straßenrand hingefallen und auf der Stelle eingeschlafen. Es ist ein Wunder, dass ich nicht gestorben bin«, sagte der Landstreicher. Der Junge warf ihm einen Blick zu.

»Woher wollen Sie das wissen?«, fragte er.

»Ich kann es mir nicht vorstellen«, sagte der Landstreicher nach einer Pause.

»Ich sag's Ihnen«, erklärte der Junge mit heiserer Stimme, »Leute wie wir kommen von dem Kram hier einfach nicht los, selbst wenn wir wollen. Immer hungrig und durstig und hundemüde und die ganze Zeit auf den Beinen. Und trotzdem, wenn mir jemand ein hübsches Zuhause und Arbeit anbietet, dreht sich mir der Magen um. Sehe ich kräftig aus? Ich weiß, dass ich klein bin für mein Alter, aber ich habe mich sechs Jahre so durchgeschlagen, und glauben Sie, ich bin nicht tot? Ich bin beim Baden in Margate ertrunken und wurde von einem Zigeuner mit einem Bolzen umgebracht – er hat mir regelrecht den Schädel eingeschlagen; und zwei Mal bin ich erfroren wie Sie letzte Nacht; und ein Auto hat mich genau auf dieser Straße überfahren, und trotzdem bin hier unterwegs, ich gehe nach London, um dann wieder dort wegzugehen, weil ich einfach nicht anders kann. Tot! Ich sage Ihnen, wir kommen nicht davon los, selbst wenn wir wollen.«

Der Junge bekam einen Hustenanfall, und der Landstreicher blieb stehen, bis er sich erholt hatte.

»Du solltest lieber für ein Weilchen meinen Mantel nehmen, Junge«, sagte er, »dein Husten hört sich ziemlich schlimm an.«

»Zur Hölle mit Ihnen!«, sagte der Junge heftig und zog an seiner Zigarette. »Mir geht's gut. Ich hab gerade von der Straße gesprochen. Sie sind der Sache noch nicht genug auf den Grund gegangen, aber Sie werden es bald verstehen. Wir sind alle tot, alle, die hier unterwegs sind, und wir haben es alle satt, aber irgendwie kommen wir nicht davon los. Im Sommer riecht es gut, nach Staub und Heu an heißen Tagen, und der Wind schlägt einem ins Gesicht. Und es ist wunderschön, an einem klaren Morgen im nassen Gras aufzuwachen. Ich weiß nicht, ich weiß nicht ...« Er taumelte plötzlich vorwärts, und der Landstreicher fing ihn in seinen Armen auf.

»Ich bin krank«, flüsterte der Junge, »... krank.«

Der Landstreicher blickte die Straße hinauf und hinunter, aber es gab keine Häuser, und auch sonst war keine Hilfe in Sicht. Doch während er noch unschlüssig mitten auf der Straße stand und den Jungen stützte, blitzte plötzlich in einiger Entfernung ein Auto auf, das sich durch den Schnee rasch näherte.

»Was ist los?«, fragte der Fahrer ruhig, als er neben ihnen anhielt. »Ich bin Arzt.« Er betrachtete den Jungen aufmerksam und horchte auf sein angestrengtes Atmen.

»Lungenentzündung«, meinte er. »Ich bringe ihn ins Krankenhaus, und Sie auch, wenn Sie möchten.«

Der Landstreicher dachte ans Arbeitshaus und schüttelte den Kopf. »Ich gehe lieber zu Fuß«, sagte er.

Der Junge blinzelte schwach, als sie ihn ins Auto hoben.

»Ich treffe Sie hinter Reigate«, flüsterte er dem Landstreicher zu. »Sie werden sehen.« Und das Auto verschwand auf der weißen Straße.

Den ganzen Vormittag schleppte sich der Landstreicher durch den tauenden Schnee, doch am Mittag erbettelte er ein bisschen Brot an der Tür eines kleinen Bauernhäuschens und kroch in eine verlassene Scheune, um es zu essen. Es war warm dort drinnen, und nach seinem Mahl schlief er im Heu ein. Es war schon dunkel, als er aufwachte, und erneut begann er durch den matschigen Schnee zu stapfen.

Zwei Meilen hinter Reigate schlüpfte eine Gestalt, eine schmächtige Gestalt, aus der Dunkelheit und gesellte sich zu ihm.

»Auf Wanderschaft, Chef?«, fragte eine heisere Stimme. »Dann komm ich ein Stückchen mit, wenn Sie nicht zu schnell gehen. Es ist um diese Tageszeit ein bisschen einsam zum Wandern.«

»Aber die Lungenentzündung?«, rief der Landstreicher entsetzt.

»Ich bin heute morgen in Crawley gestorben«, sagte der Junge.

# Eine Tragödie im Kleinen

## I

Jack, der kleine Sohn des Postmeisters, stand am Erkerfenster des Wohnzimmers und sah seiner Mutter beim Gießen der Kapuzinerkresse im Vorgarten zu. Die Art, wie sie die Gießkanne handhabte, verriet eine gewisse grimmige Entschlossenheit. Denn obwohl es ein schöner Nachmittag war, hatte der Postbote über die Hecke gerufen, am Abend werde es Gewitter geben, und jeder wusste, dass er sich beim Wetter nie irrte. Trotzdem goss Jacks Mutter die Pflanzen, als hätte er nichts gesagt, denn für sie schmeckte diese meteorologische Begabung ein bisschen zu sehr nach Zauberei und schwarzer Magie. Aber ungeachtet ihrer Vorbehalte war sie sich sicher, dass es ein Gewitter geben und ihre Arbeit deshalb überflüssig sein würde, außer vielleicht als Protest gegen sinnlosen Aberglauben. Im gleichen Geist nahm sie an strahlenden Sommertagen stets einen Schirm mit.

Jack war ins Haus geschickt worden, weil er seine Beine zum Abkühlen immer in den Strahl der Gießkanne hielt, daher musste er sich nun damit begnügen, zuzusehen und sich die Nase an der Fensterscheibe plattzudrücken, so dass sie von außen wie der Fuß einer Seeanemone in einem Aquarium aussah. Er konnte nicht länger das fröhliche Glucksen der Gießkanne hören, wenn das Wasser herausfloss, aber andrerseits konnte er mit der Zunge seinen Namen aufs Fenster schreiben, was ihm im Garten nicht möglich gewesen wäre. Außerdem hatte er in seiner Tasche ein paar Bonbons, gekauft mit einem Halfpenny, den er aus seiner eigenen Sparbüchse gestohlen hatte, und da das Fenster nicht sonderlich gut schmeckte, nahm er eines in den Mund und lutschte es mit Genuss. Er war nicht gerne im Wohnzimmer, weil er dort jeden Sonntagnachmittag in seinen besten Kleidern sitzen und seinen schläfrigen Eltern das Gemeindeblatt vorlesen musste. Doch das Fenster, das nach vorne hinausging, war richtig schön, wie ein Bild, und seine Mutter sah inmitten all der Blumen und mit dem roten Himmel darüber wie eine der Damen von diesen prachtvollen Kalendern aus, die der Lebensmittelhändler zu Weihnachten verschenkte. Jack aß das Bonbon und nahm ein neues; er wollte sie eigentlich immer bis zum Schluss lutschen, um länger etwas davon zu haben, aber wenn sie halb aufgelutscht waren, zerkaute er sie unweigerlich. Sein Vater hatte das als Junge genauso gemacht.

Das Zimmer hinter ihm wurde langsam dunkel, aber der Himmel draußen schien immer heller zu werden, und seine Mutter ging immer noch gebeugt von Beet zu Beet, gemächlich wie eine Kuh. Manchmal stellte sie die Gießkanne auf dem Kiesweg ab und bückte sich, um ein winziges Unkraut oder eine verwelkte Blüte auszurupfen. Manchmal ging sie zum Brunnen, um frisches Wasser zu holen, und da bereute Jack es erst recht, eingesperrt zu sein, denn er ließ den Eimer furchtbar gern herunterrasseln und gegen die Ziegelwände schlagen. Einmal klopfte er ans Fenster, um wieder nach draußen zu dürfen, aber die Mutter schüttelte energisch den Kopf, ohne sich umzudrehen. Und dabei waren seine Strümpfe fast gar nicht nass.

Plötzlich richtete sich die Mutter auf, und Jack sah, dass sein Vater sich über das Gartentor lehnte. Er schien Grimassen zu schneiden, und Jack lachte im leeren Zimmer lauthals los, denn er erkannte immer, wenn sein Vater Späße machte. Es war wirklich komisch, dass sein Vater so früh von der Arbeit kam und seiner Mutter von der Straße aus Grimassen schnitt. Auch die Mutter ließ sich auf den Spaß ein, denn sie kniete sich in den nassen Blumen hin, und während ihr Kopf immer tiefer sank, sah es in einem phantastischen Moment so aus, als ob sie gleich einen Purzelbaum machen würde. Aber sie blieb reglos am Boden liegen, und der Vater kam halb durchs Gartentor, drehte sich dann aber um und rannte die abschüssige Straße Richtung Bahnhof hinunter. Jack stand am Fenster, klatschte in die Hände und lachte. Es war ein komisches Spiel, aber nicht schwerer zu durchschauen als die meisten anderen Belustigungen der Erwachsenen.

Aber als nichts weiter geschah, Mutter sich nicht rührte und Vater nicht zurückkam, wurde es Jack angst und bange. Der Garten war unheimlich, und das Zimmer war dunkel, darum klopfte er ans Fenster, um das Spiel abzubrechen. Da seine Mutter nicht mit dem Kopf schüttelte, rannte er hinaus in den Garten und lächelte vorsorglich, für den Fall, dass er sich dumm benahm. Zuerst lief er zum Gartentor, doch der Vater war in der Ferne auf der Straße nur noch ganz klein zu sehen, also machte er kehrt und zupfte seine Mutter am Ärmel, um sie aufzuwecken. Nach einer schrecklich langen Weile stand seine Mutter vom Boden auf, ihr Kleid war von nasser Erde beschmutzt. Jack versuchte sie mit seinen Händen abzuwischen und machte es dadurch noch schlimmer, aber seine Mutter schien es gar nicht zu merken, sondern blickte mit so verzweifeltem Gesicht in den Garten, dass Jack in Tränen ausbrach. Anders als sonst ließ sie ihn sich ausweinen, ohne den Versuch, ihn zu trösten. Als er bekümmert schniefte, hatte er den Duft zerdrückter Ringelblumen in der Nase. Unwillkürlich beobachtete er durch seine Tränen ihre Hände, die aussahen, als spielten sie miteinander Abnehmen; sie blieben keinen Augenblick still. Aber besonders fesselte und ängstigte ihn ihr Gesicht. In der einen Minute sah es glatt und weiß aus, als wäre sie sehr verärgert, und in der nächsten war es voller kleiner Fältchen, als müsste sie gleich niesen. Tief in ihm gluckste etwas, und er zuckte zusammen aus Angst, der verärgerte Teil von ihr hätte es gehört. Den ganzen Abend, während seine Mutter ihm das Abendessen herrichtete, kehrte dieses Glucksen zwischen unbeachteten Weinkrämpfen immer wieder zurück. Einmal stand sie fast fünf Minuten mit einem Teller in der Hand mitten im Zimmer, und es war schwer für ihn, das Kichern zu unterdrücken. Wenn sein Vater da gewesen wäre, dann hätten sie eine Menge Spaß zusammen gehabt und Mutter aufgezogen, aber allein war er sich nicht sicher, ob er das durfte. Und Vater kehrte nicht zurück, und Mutter schien seine Fragen nicht zu hören.

Er hatte ein paar Tomaten und Reispudding zum Abendessen, und da seine Mutter ihm erlaubte, sich beim Zimtzucker selbst zu bedienen, schmeckte es ihm sehr gut; sorgfältig ließ er die Haut vom Milchreis bis zum Schluss übrig, denn die mochte er am liebsten. Nach dem Essen saß er dösend am offenen Fenster und schaute über die Pflaumenbäume bis zum Himmel, wo die schwarzen Wolken einen Stern nach dem anderen löschten. Der Garten roch erdig, aber es war schön, noch dasitzen zu dürfen, wenn man schon richtig schläfrig war. Es war eigentlich ein schöner, aufregender Tag gewesen, auch wenn seine Mutter ihm ein oder zwei Mal Angst eingejagt hatte, weil sie so seltsam aussah. Doch es hatte schon andere geheimnisvolle Tage in seinem Leben gegeben; vielleicht bekam er ein weiteres totes Schwesterchen. Er entdeckte, wie angenehm es war, die Augen zu schließen, mit dem Kopf zu wippen und so zu tun, als ob man einschliefe; es war wie auf einer Schaukel, die immer höher und höher fliegt, ohne je wieder herunterzukommen. Es war wie in einem Ruderboot auf dem Fluss, nachdem ein Dampfer vorbeigefahren ist. Es war wie in einer Wiege unter einer Deckenlampe, einer Wiege, die sanft hin und her geschaukelt wird, während die Mutter verträumte Lieder singt.

Er war noch ein Baby, als er aufwachte, und er rutschte vom Stuhl und taumelte blind durchs Zimmer zu seiner Mutter; mit den Fingerknöcheln rieb er sich die Augen, wie ein sehr, sehr kleines Kind. Er kletterte auf ihren Schoß und ließ sich dort mit einem Laut des Behagens nieder. Er hörte grummelndes Donnern, dann spürte er warme Regentropfen auf seinem Gesicht. Und ein verschwommenes Bewusstsein davon, dass das Gewitter losgebrochen war, stahl sich in seine Träume.

## II

Am nächsten Morgen war der Vater nicht heimgekehrt, und Mutter sagte viele Dinge, die in Jack ein sehr mulmiges Gefühl auslösten. Sie hatte ihm beigebracht, dass jeder, der etwas Schlechtes über seinen Vater sage, böse sei, aber jetzt versuchte sie anscheinend selber, ihm etwas über seinen Vater zu erzählen, das gar nicht schön war. Sie sprach so langsam, dass er kaum ein Wort verstand, obgleich er mitbekam, dass Vater etwas gestohlen hatte und ins Gefängnis kam, falls man ihn erwischte. Mit Gewissensbissen dachte er an sein eigenes Erbrechen der Sparbüchse und nahm sich vor, den Rest der Bonbons wegzuwerfen, wenn keiner hinsah. Dann verkündete seine Mutter zu seiner Verblüffung, dass er heute nicht zur Schule gehen solle, doch seine vorschnelle Freude wurde ein wenig geschmälert, als sie sagte, er dürfe überhaupt nicht nach draußen, außer in den Garten hinterm Haus. Jack hatte den Eindruck, dass er wohl krank sein müsse, aber als er dies seiner Mutter nahelegte, gab sie ihre Erklärungen mit einem Seufzer auf.

Danach sagte sie immerzu: »Ich muss nachdenken, ich muss nachdenken!« Sie sagte es so oft, dass Jack begann, an den Fingern mitzuzählen.

Der Tag schleppte sich mühsam dahin, denn der Garten war nach dem Gewitter nass, und Mutter wollte keine Spiele spielen. Kurz vor der Teestunde kamen zwei Männer zu Besuch und unterhielten sich mit Mutter im Wohnzimmer, und nach einer Weile wurde Jack gerufen, der Fragen nach seinem Vater beantworten sollte, obwohl seine Mutter die ganze Zeit dabei war. Die Männer schienen nett zu sein, aber Mutter bat sie nicht, zum Tee zu bleiben, wie Jack erwartet hatte. Wahrscheinlich tat ihr dieses Versäumnis leid, denn während der ganzen Teestunde war sie sehr traurig und ließ ihn sein Marmeladenbrot selber schmieren. Nach dem Tee war es entsetzlich langweilig, und Jack fing schließlich an zu weinen, weil sonst nichts zu tun war. Dann hörte er ein leises Geräusch und merkte, dass seine Mutter ebenfalls weinte. Das schien ihm so sonderbar, dass er zu weinen aufhörte, um sie anzusehen. Die Tränen rannen ihr nur so die Wangen hinunter, und sie wischte sie mit dem Taschentuch ab, aber sie hätte doch das Taschentuch direkt unter die Augen halten können, dann wären die Tränen vielleicht gar nicht erst herausgeflossen. Ihm dämmerte, dass es ihr wahrscheinlich leid tat, dass sie schlecht über Vater geredet hatte, und um sie zu trösten – denn es machte ihn ganz rappelig, sie weinen zu sehen –, flüsterte er ihr zu, er werde es nicht weitersagen. Aber sie starrte ihn aus ihren rot geränderten Augen nur hoffnungslos an, und er spürte, dass er nicht das Richtige gesagt hatte. Sie nannte ihn ihren armen Jungen, und dabei war er doch gar nicht krank. Es war alles sehr sonderbar und bedrückend, und es wäre das Beste, wenn Vater zurückkäme und alles wäre wieder wie zuvor, selbst wenn er wieder zur Schule müsste.

Später kam die Frau von der Mühle und setzte sich zu Mutter. Sie brachte Jack ein paar Süßigkeiten mit, aber anstatt mit ihm zu spielen, brach sie in Tränen aus. Sie weinte lauter als seine Mutter. Er hatte sogar Angst, er müsste gleich über ihr Schniefen lachen, deshalb ging er hinüber ins Wohnzimmer, setzte sich dort ins Dunkel, aß seine Süßigkeiten und runzelte die Stirn über die Kompliziertheit des Lebens. Er konnte fünf Sterne sehen, und hinter dem roten Vorhang im vorderen Schlafzimmer der Arber-Farm brannte Licht. Es war etwa zwölf Mal so groß wie ein Stern und hatte eine viel schönere Farbe. Wenn er seine Augen zusammenkniff, konnte er alles doppelt sehen, so dass es zehn Sterne und zwei rote Lichter waren. Er versuchte, alles zu verdreifachen, als das Gartentor klickte und er den Schatten seines Vaters sah. Er war überglücklich, dass dieser öde Tag ein so tröstliches Ende hatte, und während er durch den Flur rannte, rief er seiner Mutter zu, dass Vater zurück sei. Mutter antwortete nicht, aber er hörte Bewegung in der Küche, als er die Haustür öffnete.

Er sagte »Guten Abend« mit der erwachsenen Stimme, zu der sein Vater ihn immer ermunterte, doch Vater schlüpfte ins Haus und schloss wortlos die Tür. Jeden Abend, wenn er vom Postamt heimkehrte, brachte er Jack die gummierten Ränder der Briefmarkenbögen mit, und wie selbstverständlich streckte Jack seine Hand danach aus. Automatisch griff sein Vater in die Manteltasche und brachte eine ganze Handvoll zum Vorschein. »Pass gut auf sie auf, das sind die letzten, die du kriegst«, sagte er. Aber als Jack »Warum?« fragte, schaute ihn sein Vater mit dem gleichen trostlosen Ausdruck an, den er kurz vorher bei seiner Mutter gesehen hatte. Jack ärgerte sich langsam, dass alle Leute so dumm waren.

Als sie in die Küche gingen, sahen alle sehr seltsam aus, und Jack setzte sich in die Ecke, um vielleicht eine

Erklärung zu hören. In der Regel machte ihm die Unterhaltung der Erwachsenen wenig Spaß, aber heute Abend hatte er das Gefühl, dass etwas passiert war, und wenn er still blieb, konnte er vielleicht herausfinden, was es war. Er hatte schon vorher festgestellt, dass Erwachsene immer und immer dasselbe sagten, und jetzt war es noch schlimmer als sonst. Vater sagte: »Es hat keinen Sinn, ich muss da durch.« Die Frau aus der Mühle sagte: »Was hat dich bloß geritten, George?« Und Mutter sagte: »Ich werde nie wieder glücklich sein!« Und so ging es immer weiter, bis Jack nicht mehr zuhören mochte und anfing, die Briefmarkenstreifen aneinanderzukleben. Wenn man das sehr sorgfältig machte, war es fast so gut wie ein normales Blatt Papier, wenn man damit fertig war. Während er noch bastelte, brachte ihm die Frau von der Mühle einen Teller mit Abendessen, und als er den Kopf hob, saßen Vater und Mutter nah beieinander und schauten sich an, ohne ein Wort zu sagen. Er war sehr enttäuscht, dass es trotz der Heimkehr seines Vaters den ganzen Abend keine Späße gab, und weil alle so langweilig waren, machte es ihm nicht viel aus, dass er nach dem Essen ins Bett geschickt wurde. Als er seinem Vater »Gute Nacht« sagte, fiel ihm auf, dass dessen Stiefel voller Matsch waren, als hätte er weite Wege zurückgelegt, wie ein gewöhnlicher Postbote. Er machte einen Witz darüber, aber alle sahen ihn an, als hätte er etwas Falsches gesagt, also verließ er rasch das Zimmer, froh, von diesen Leuten wegzukommen, deren Gesichter und Worte keine erkennbare Bedeutung hatten. Es war ein grässlicher Tag gewesen, und er hoffte nur, dass seine Mutter ihn am nächsten Tag wieder zur Schule gehen ließ.

Und obwohl er sich auszog und ins Bett stieg, war der Tag noch nicht ganz vorbei. Er war gerade erst eingedöst, da weckte ihn Lärm von unten, und er schlich zum Treppenabsatz und hörte, wie sich die Frau aus der Mühle verabschiedete. Als sie gegangen und die Tür hinter ihr zugeschlagen war, horchte er noch weiter und hörte seine Mutter weinen und seinen Vater reden und reden, in einer merkwürdig heiseren Stimme. Irgendwie machten ihn diese unverständlichen Laute einsam, und er wäre gern nach unten gegangen und hätte sich auf den Schoß seiner Mutter gesetzt und seinen Vater schläfrig angeblinzelt, wie er es sonst oft tat. Aber er fühlte sich bei Fremden nicht wohl, und er spürte, dass er diese immerzu weinende Frau nicht kannte und diesen Mann, der nicht lachte. Sein Vater war sein Spielkamerad, mit dem er seinen ganzen Spaß teilte. Seine Mutter war eine stille Frau, die dasaß und nähte und manchmal sagte, sie sollten nicht so albern sein, und das war ein besonders lustiger Witz. Es war nicht richtig, wenn Menschen plötzlich anders wurden. Aber der Gedanke an sein Zimmer machte ihn traurig, und schließlich nahm er seinen Mut zusammen und schlich barfuß die Treppe hinunter. Vater und Mutter waren wieder in der Küche, und er spähte durch den Türschlitz, um zu sehen, was sie machten. Seine Mutter weinte immer noch, sie hörte nicht auf damit, aber er musste seinen Standort ändern, um seinen Vater sehen zu können. Da machte er auf der Stelle kehrt und rannte, zitternd vor Angst und Abscheu, die Treppe hinauf. Denn sein Vater, der Meister aller Späße, der Mann, vor dem sich Einbrecher fürchteten und im Vergleich zu dem die Väter aller anderen kleinen Jungen bloßer Staub waren, er weinte wie ein kleines Mädchen.

Jack sprang ins Bett und zog die Decke übers Gesicht, um die Hässlichkeit der Welt auszusperren.

# III

Als Jack am nächsten Morgen aufwachte, war das Zimmer von Sonnenschein durchflutet, und sein Vater stand am Fußende des Betts. Im selben Augenblick, da Jack die Augen öffnete, begann sein Vater in einem ernsten Ton zu sprechen, der allein schon verhinderte, dass Jack verstand, was er sagte. Außerdem benutzte er lauter lange Wörter, und Jack fand es blöd, lange Wörter vor dem Frühstück zu benutzen, wenn man von niemandem erwarten konnte, dass er noch wusste, was sie bedeuteten. Sein Vater füllte das Rechteck des Fensters aus, und die Sonnenstrahlen umrahmten ihn, so dass er großartig aussah. Und hätte Jack die unglücklichen Eindrücke aus der letzten Nacht nicht schon vergessen, wäre er jetzt gewiss darüber hinweggekommen. Immer wieder hielt der Vater inne und fragte ihn, ob er verstehe, und er sagte ja, in der Hoffnung, später hinter das Ganze zu kommen. Auf jeden Fall schien es so, als würde sein Vater nicht mehr zum Postamt gehen, und Jack sah schon jede Menge lustiger Tage vor sich. Als sein Vater mit seiner Rede fertig war, erwartete er wohl, dass Jack etwas sagte, aber Jack hatte genug damit zu tun, ein aufmerksames Gesicht zu machen, denn er wusste, dass es dumm von kleinen Jungen war, die Dinge nicht zu verstehen, die sie nicht verstanden. In Wirklichkeit hatte er das Gefühl, seinem Vater zuzuhören, wie er laut mit sich selber stritt und seine Stimme dabei rauf und runter ging wie auf einer Erdbebenskala.

Beim Frühstück war die Stimmung immer noch gedrückt, aber später am Morgen wurde der Vater lebendiger und half Jack, eine Hütte im hinteren Garten zu bauen. Sie errichteten sie aus Bohnenstangen, die sie gegen die rückwärtige Mauer lehnten, und Vater zerlegte eine Packkiste, um Bretter für das Dach zu bekommen. Nur Mutter machte immer noch ein trauriges Gesicht, und Jack ärgerte sich, dass sie eine solche Spielverderberin war. Nach dem Mittagessen, während Jack in der Hütte spielte, kamen Mr. Simmons von der Polizeiwache und ein anderer Gentleman, um Vater zu einem Spaziergang mitzunehmen, und Jack lief vors Haus, um sie zu verabschieden. Er kannte Mr. Simmons recht gut; er hatte seinen kleinen Sohn zum Tee besucht, aber obgleich Jack ihn für einen wirklich stattlichen Mann hielt, konnte er sich eines gewissen Stolzes auf seinen Vater nicht erwehren, als er sie beide nebeneinander sah. Mr. Simmons sah aus, als schäme er sich, während sein Vater mit breiten Schultern und hoch erhobenem Kopf einherschritt, als hätte er gerade etwas Großartiges vollbracht. Der andere Mann sah neben Vater wie ein Nichts aus.

Als sie außer Sicht waren, ging Jack ins Haus. Seine Mutter weinte in der Küche. Da er nach dem Essen etwas gnädiger war, versuchte er sie aufzuheitern, indem er ihr erzählte, wie fabelhaft Vater im Vergleich zu den beiden anderen Männern ausgesehen habe. Die Mutter hob den Kopf – sie war vom Weinen ganz verquollen – und starrte ihren Sohn verständnislos an. »Sie bringen ihn ins Gefängnis«, jammerte sie, »und Gott weiß, was aus uns werden soll.«

Einen Augenblick war Jack erschrocken. Dann kam ihm ein Gedanke, und er lächelte, wie ein Junge, der gerade ein neues hinreißendes Spiel entdeckt hat. »Mach dir keine Sorgen, Mutter«, sagte er, »wir befreien ihn.«

Aber die Mutter hörte einfach nicht auf zu weinen.

# Der Sohn des Schäfers

Der Pfad wand sich immer höher hinauf und drohte mich über den höchsten Punkt der Downs hinauszuführen, bis er sich an einem Kreidefelsvorsprung plötzlich anders besann und auf gleichbleibender Höhe um den Berg herumführte. Ich war für die Verschnaufpause dankbar, denn ich war den ganzen Tag gewandert, und mein Tornister wurde allmählich schwer. Über mir auf den blauen Weiden des Himmels grasten die Wolkenschafe, Sonne auf den schneeweißen Rücken, und rings um mich her rupften die grauen Erdschafe an den wilden Stiefmütterchen, die überall wuchsen, wo Erde den Kreidefels bedeckte.

Bald traf ich den Schäfer, der aufrecht am Weg stand, ein großer, hagerer Mann, dessen Gesicht durch Sonne und Wind allen Ausdrucks beraubt worden war. Der Hund zu seinen Füßen sah intelligenter aus als er selbst. »Sie kommen vom Tal herauf«, sagte er, als ich ihn erreichte. »Haben Sie vielleicht meinen Jungen gesehen?«

»Nein, habe ich nicht, tut mir leid«, sagte ich und blieb stehen.

»Ein bisschen Leid ist kein Beinbruch«, murmelte er und schritt, mit seinem Hund an den Fersen, davon. Ich hatte den Eindruck, dass der Hund sich für die Unhöflichkeit seines Herrn entschuldigen wollte.

Ich wanderte zu dem kleinen Bergdorf weiter, in dem ich für die Nacht unterzukommen plante. Der Mann im Dorfladen sagte, er würde mich beherbergen, also nahm ich den Tornister ab und setzte mich auf einen Sack mit getrocknetem Viehfutter, während er Schinken briet.

»Wenn Sie über den Berg gekommen sind, haben Sie

sicher den Schäfer getroffen«, sagte der Mann. »Und er wird Sie nach seinem Sohn gefragt haben.«

»Ja, aber ich hatte ihn nicht gesehen.«

Der Ladenbesitzer nickte. »Es gibt ein paar Schlauköpfe, die sagen, man kann ihn sehen, und andere Schlauköpfe, die sagen, man kann es nicht. Die einfach gestrickten Leute wie Sie und ich, wir sagen nichts, aber wir sehen ihn nicht. Der Schäfer hat gar keinen Jungen.«

»Was? Soll das ein Witz sein?«

»Ja, kann natürlich sein«, sagte der Ladenbesitzer zurückhaltend, »obwohl ich noch nicht viele darüber lachen gehört habe. Verstehen Sie, der Junge vom Schäfer hat sich das Genick gebrochen ... Das war noch in den Tagen, bevor sie den Zaun oberhalb von dem großen Kreidebruch aufgestellt haben, der bei Ihrem Abstieg links von Ihnen lag. Es war für die Schafe eine richtig gefährliche Stelle, und deshalb lag der Junge vom Schäfer immer dort an der Kante, um sie am Runterstürzen zu hindern, während der Hirtenhund sie daran gehindert hat, zu weit vorzulaufen. Und der Schäfer kam immer zu uns runter und hat sich ein Gläschen genehmigt, denn damals hat er's vertragen so wie Sie und ich. Aber jetzt ist er Abstinenzler.

Eines Nachts, als der Nebel über den Bergen lag, hatte der Schäfer vielleicht ein Glas zu viel intus oder vielleicht hat er sich im Nebel verirrt. Aber als er dort hinaufstieg, um die Schafe nach Hause zu bringen, trieb er sie direkt auf den Abgrund zu. Der Junge schrie und rannte los, um sie aufzuhalten, aber vierundzwanzig sind in den Abgrund gestürzt, und der Bursche mit ihnen. Sie werden mir vielleicht nicht glauben, aber fünf davon hatten kaum einen Kratzer, obwohl es zwanzig Meter nach unten geht. Wahrscheinlich sind sie weich auf die anderen gefallen. Aber den Jungen vom Schäfer, den hat's erwischt.

Der Schäfer ist heute ein bisschen schwach im Kopf, und meistens glaubt er, dass der Junge immer noch bei ihm ist. Und es gibt Schlauköpfe, die einem erzählen, sie haben den Jungen gesehen, wie er dem Hund mit den Schafen geholfen hat. Dann wäre er heute ein Gespenst, das würde mich nicht wundern. Ich hab's nie gesehen, aber ich bin auch einfach gestrickt, wie man sagen könnte.

Ich habe selbst zwei Jungs, und ich finde, so ein Junge, der nichts isst, keinen Unsinn treibt und seine Arbeit macht, wäre unheimlich praktisch.«

# Der Vogel im Garten

Der Raum, den die Burchell-Familie in der Love Street, im Südosten von London, bewohnte, lag im Keller und bekam Licht und Luft nur durch einen Gitterrost, der oben in den Gehsteig eingelassen war.

Onkel John, der etwas seltsam war, hatte den Schacht darunter mit grünen Gewächsen und Kletterpflanzen in Kästen bestückt und mit Dosen, die vom Gitter herabhingen, so dass der Raum selbst nur sehr wenig Licht bekam, aber wer darin saß, hatte immer ein schönes und helles grünes Fleckchen zum Anschauen. Toby, der schon in die Kellerlöcher anderer kleiner Jungen gespäht hatte, wusste, dass seines von außerordentlicher Schönheit war, und mit einer gewissen Ehrfurcht half er Onkel John morgens, die Pflanzen zu gießen und die Papierfetzen und Strohhalme, die durchs Gitter gefallen waren, aus ihrem Haar zu pflücken. »Es gehört sich nicht, Strohhalme im Haar zu haben«, sagte Onkel John dann in ernstem Ton, und Toby wusste, dass das stimmte.

Immer morgens, wenn die Pflanzen gerade gegossen waren und am schönsten aussahen und rochen und wenn die Sonne durch das Gitter schien und die Diamanten funkelten und durch den Wald fielen, erzählte Toby dem Baby vom großen Vogel, der eines Tages durch die Bäume geflogen käme – ein ganz bunter Vogel, hässlich und wunderschön, mit einer rauhen süßen Stimme. »Und das ist dann das Ende von allem«, sagte Toby. Natürlich wiederholte er nur eine Geschichte, die Onkel John ihm erzählt hatte.

Neben Toby und Onkel John und dem Baby waren noch andere Leute in dem großen, dunklen Raum; finstere Leute, die wegen allerhand geheimnisvoller Angelegenheiten hin und her huschten, Leute, die Vater und Mutter und Mr. Hearn hießen und die einem einen Tritt versetzten, wenn man im Weg war, und die nie lachten außer abends, und dann lachten sie zu laut.

»Sie werden dem Vogel Angst machen«, dachte Toby. Aber sie waren nett zu Onkel John, weil er Rente bezog. Toby schlief in einer Ecke auf dem Boden neben dem Baby, und wenn Vater und Mr. Hearn abends stritten, wachte er auf und beobachtete sie zitternd. Aber dann hatte er das Gefühl, dass das Baby ihn auslachte, und er kniff es, damit es aufhörte. Eines Nachts, als die Männer wieder heftig stritten und die Mutter am Tisch eingeschlafen war, stand Onkel John aus seinem Bett auf und begann lauthals zu singen. Es war ein Lied über Trafalgar, das Toby gut kannte, aber es jagte den Männern Angst ein, weil sie fürchteten, Onkel John wäre jetzt so verrückt geworden, dass er die Rente nicht mehr abholen könnte. Am nächsten Tag ging es ihm aber recht gut, und er und Toby fanden im Garten zwischen den Pflanzen eine große grüne Raupe.

»Das ist etwas sehr Wichtiges«, sagte Onkel John und streichelte sie mit einem Stöckchen. »Es ist ein Vorzeichen!«

Toby lag von da an nachts wach und horchte auf den Vogel, aber er hörte nur die Schritte auf dem Gehsteig und das Kreischen der Lokomotiven in der Ferne.

Später stieß eine neue junge Frau zu ihnen, um im Keller zu wohnen – keine finstere Person, sondern jemand, den man sehen und mit dem man reden konnte. Sie tätschelte Tobys Kopf. Aber als sie das Baby sah, drückte sie es an ihre Brust und weinte und gab ihm Kosenamen.

Zuerst waren Vater und Mr. Hearn sehr nett zu ihr, und Mutter saß den ganzen Tag mit brennenden Augen in der Ecke, aber nach einer Weile lachten die drei abends wieder zusammen wie zuvor, und die Frau saß mit ihrem verheulten Gesicht da und wartete mit Toby und dem Baby und dem etwas seltsamen Onkel John darauf, dass der Vogel kam.

»Wir müssen bloß«, sagte Onkel John, »den Garten sauber und in Ordnung halten und jeden Morgen die Pflanzen gießen, damit sie schön grün sind.« Und Toby ging dann zum Baby und sagte es ihm flüsternd weiter, und es starrte mit großen blöden Augen die Decke an.

Es kam eine Zeit, da Toby sehr krank war und den ganzen Tag in seiner Ecke lag und übers Staunen nachdachte. Manchmal wurde der Raum, in dem er lag, so klein, dass er keine Luft mehr bekam, und manchmal war er so groß, dass Toby aufschrie, weil er sich so verlassen fühlte. Er konnte die finsteren Leute gar nicht mehr sehen, nur Onkel John und die Frau, die ihm leise sagte, sie heiße »Mammi«. Sie nannte ihn Sonny, und das war ein so schöner Name, dass Toby ein Kitzeln in der Magengegend spürte, und das war, wie er wusste, Freude. Mammis Gesicht war nass, warm und weich, und sie küsste furchtbar gern. Jeden Morgen hob Onkel John Toby hoch und zeigte ihm den Garten, und Toby schlüpfte dann aus seinen Armen und spazierte zwischen den Bäumen und Pflanzen umher. Und der Ort wurde immer größer und größer, bis er die ganze Welt war und Toby sich im Gewirr der Bäume und Blumen und Kletterpflanzen verirrte. Er sah dort Schmetterlinge und zahme Tiere, und der Himmel war voller bunter Vögel, hässlich und wunderschön. Aber er wusste, dass keiner von ihnen *der* Vogel war, denn ihre Stimmen waren nur süß. Manchmal zeigte er diese Wunder einem kleinen Jungen, der Toby hieß und ihn an der Hand hielt und ihn Onkel John nannte, manchmal zeigte er sie seiner Mammi, und er selbst war Toby. Aber immer, wenn er zurückkehrte, lag er in Onkel

Johns Armen und fiel, müde von seiner Wanderung, in wohligen, traumlosen Schlaf.

Toby fühlte sich zu jener Zeit wie unter einem dämmrigen, unwirklichen Schleier, der alle Dinge dämmrig und unwirklich machte. Er wusste nicht, ob er schlief oder wach war, so seltsam war das Leben, so lebendig waren seine Träume. Mammi, Onkel John, das Baby und Toby selbst erschienen mit einem Zittern des Schleiers und lösten sich ohne Ursache wieder auf. Es konnte geschehen, dass Toby mit Onkel John sprach, und plötzlich sah er in die weit aufgerissenen Augen des Babys, das blöd zur Decke hinaufstarrte, und wiederum wurde das Baby zu Toby selbst, ein heißer, ausgetrockneter kleiner Körper ohne Beine und Arme, der wie durch Zauberei einen Fuß über dem Bett hin- und herschaukelte.

Dann hatte er die Vision von zwei kleinen Füßen, die sich in weiter Ferne bewegten, und Toby beobachtete sie neugierig, so wie Kätzchen ihre Schwänze, ohne zu verstehen, warum sie sich bewegten.

Es war alles wunderlich und sehr seltsam, und Tag für Tag wurde der Schleier dichter. Man brauchte nicht aufzuwachen, wenn der Schlaf so schön war. An jenem träumerischen Ort gab es keine finsteren Leute, die einem Tritte versetzten.

Und doch erwachte Toby – erwachte zu einem Leben und an einem Ort, den er nie gekannt hatte.

Er fand sich auf einem Haufen Lumpen in einem großen Keller, der sein Licht durch einen Gitterrost empfing, welcher oben in den Gehsteig eingelassen war. Ein paar Töpfe mit kränklichen und schmutzigen Pflanzen standen auf dem Steinboden des Schachts oder hingen vom Rost herab. Es musste oben einen schönen Sonnenuntergang geben, denn ein matter roter Schimmer fiel durchs Gitter und legte sich auf die Blätter der Pflanzen.

Auf dem Tisch stand eine brennende Kerze in einer Flasche, und der Keller schien voller Menschen zu sein. Am Tisch saßen zwei Männer und eine Frau und tranken, obwohl sie schon betrunken waren, und dahinter in einer Ecke sah Toby den Kopf und die Schultern eines großen alten Mannes. Neben ihm kauerte eine Frau mit einem verblühten, hübschen Gesicht, und zwischen Toby und dem Rest des Raums stand eine Kiste, in der ein Baby mit großen, wachen Augen lag.

Tobys Körper prickelte vor Aufregung, denn das hier war neu. Er hatte es nie zuvor gesehen, nie zuvor überhaupt etwas gesehen.

Die Stimme der Frau am Tisch ging ständig rauf und runter. Sie beschimpfte die andere Frau, und die beiden betrunkenen Männer lachten über sie und feuerten sie an. Toby hielt die andere Frau für wehrlos, denn sie kauerte die ganze Zeit am Boden und sagte nichts.

Schließlich hörte die Frau mit ihrer Schimpftirade auf, und einer der Männer drehte sich um und rief der Frau am Boden einen Befehl zu. Sie stand auf und näherte sich ihm zögerlich. Das ärgerte den Mann, und er schleuderte ihr wüste Flüche entgegen. Als sie nah genug gekommen war, schlug er sie mit der Faust nieder, und alle drei brachen in Gelächter aus.

Toby war so aufgeregt, dass er sich in seiner Ecke auf den Knien aufrichtete und in die Hände klatschte, aber die anderen bekamen es nicht mit, weil der alte Mann heftig schwankend bei der Frau stand. Er schien dem Mann zu drohen, der sie niedergeschlagen hatte, und dieser hatte offenbar Angst vor ihm, denn er stand wankend auf und hob den Stuhl, auf dem er gesessen hatte, wie eine Waffe über den Kopf.

Der alte Mann hob seine Faust, und der Stuhl sauste voller Wucht auf seine gerunzelte Stirn, und er stürzte zu Boden.

Die Frau am Tisch schrie mit ihrer schrillen Stimme: »Die Rente!« Und dann schwiegen alle und starrten vor sich hin.

Da schien es Toby, dass durch den Wald, mit rauher süßer Stimme und wild schlagenden Flügeln ein bunter Vogel, schön und hässlich, herbeigeflogen kam, und auch wenn Leute ihm später widersprechen sollten, wusste er, dass dies das Ende von allem war.

# Der Sarghändler

## I

London an einem Novembersonntag erfüllte Eustace Reynolds mit einer Melancholie, die zu hartnäckig war, um sie zu ignorieren, und zu grundlos, um sie zu genießen. Der graue Himmel oben zwischen den Dächern, der kalte Wind an jeder Straßenecke, die traurigen Gesichter der Männer und Frauen auf den Gehsteigen, alles zusammen schuf eine Atmosphäre namenlosen Elends. Eustace war empfänglich für Eindrücke, und trotz eines halbbewussten Versuchs, ein unbeteiligter Betrachter der trübsinnigen Welt zu bleiben, spürte er die Kälte des ziellosen Tages über seine Seele kriechen. Warum gab es keine Sonne, keine Wärme, kein Lachen auf der Welt? Was war mit all den Kindern geschehen, die auf die Gesichter desillusionierter Menschen eine lachende Maske zaubern? Der Wind blies durch die Southampton Street und machte Eustace frösteln, und ihn schauderte vor den abscheulich düsteren Farben des Lebens. Ein windiger Sonntag in London, bevor die Laternen angezündet werden, kann einen leicht zu der Überzeugung führen, Arbeit sei etwas Edles.

An der Ecke beim Charing Cross-Telegraphenamt hielt ihm ein Mann einen Reklamezettel vor die Nase, aber er schüttelte unwillig den Kopf. Allein schon die blaugefrorenen Finger, die ihm den Zettel anboten, genügten, um ihn davon abzuhalten, die Hände auch nur für einen kurzen Moment aus den Taschen zu ziehen. Aber der Mann ließ sich nicht so leicht abschütteln.

»Entschuldigen Sie, Sir«, sagte er und folgte ihm, »Sie haben gar nicht geschaut, was auf meinem Zettel steht.«

»Was immer darauf steht, ich brauche ihn nicht.«

»Da irren Sie sich, Sir«, sagte der Mann ernst. »Sie werden das Leben nie interessant finden, wenn Sie nicht offen für etwas Unerwartetes sind. Ich glaube sogar, dass mein Zettel genau das enthält, was Sie brauchen.«

Eustace musterte den Mann mit plötzlicher Neugier. Seine Kleidung war zerschlissen, und was man von seiner Haut sehen konnte, war blau vor Kälte, aber seine Augen strahlten wache Intelligenz aus, und seine Redeweise verriet einen gebildeten Menschen. Eustace hatte das Gefühl, dass er mit großer Aufmerksamkeit angesehen wurde, als sei seine Entscheidung in dieser belanglosen Sache tatsächlich von Bedeutung.

»Ich weiß nicht, worauf Sie hinauswollen«, sagte er, »aber wenn es Ihnen Freude macht, nehme ich einen von Ihren Zetteln – obwohl, wenn Sie mit jedem Ihrer Kunden herumdebattieren wie mit mir, werden Sie lange brauchen, bis Sie sie los sind.«

»Ich biete sie nur geeigneten Personen an«, sagte der Mann, während er einen der Handzettel faltete, »und ich bin mir sicher, Sie werden es nicht bereuen.« Damit steckte er Eustace das Stück Papier in die Hand und ging rasch davon.

Eustace sah ihm einen kurzen Moment lang verwundert hinterher und öffnete dann den Zettel. Als er dessen Inhalt erfasste, stieß er einen leisen Pfiff des Erstaunens aus. »Sie werden bald einen Sarg brauchen!«, stand dort. »In der Gray's Inn Road Nr. 606 wird Ihre Bestellung rücksichtsvoll und prompt erledigt. Kommen Sie zu uns!!«

Eustace drehte sich rasch um, aber der Mann war außer Sichtweite. Der Wind wurde kälter, und in den dämmrigen Straßen begannen die Laternen zu leuchten. Eustace stopfte den Zettel in seine Manteltasche und machte sich auf den Heimweg.

»Wie albern!«, dachte er belustigt. Das Geräusch seiner Schritte auf dem Gehsteig klang wie das Echo seines Lachens.

II

Eustace war zwar für Eindrücke empfänglich, aber er war keineswegs seelisch angekränkelt, und es irritierte ihn, dass der schaurig bizarre Zettel ihm nicht aus dem Kopf ging. Die Sache war so offenkundig lächerlich, wie er sich voller Überzeugung sagte, dass man keinen weiteren Gedanken daran verschwenden musste, aber das hielt ihn nicht davon ab, immer wieder daran zu denken. Welche Art von Bestatter konnte hoffen, durch das Verteilen von blödsinnigen Handzetteln auf der Straße Geschäfte zu machen? Wirklich, das Ganze hatte etwas von einem Dummenjungenstreich, doch musste er sich ehrlicherweise eingestehen, dass bei dem Mann, der ihm den Zettel gegeben hatte, von Dummheit nicht die Rede sein konnte und auch ein Scherz eher unwahrscheinlich war. Die Tiefen dieser kleinen, glänzenden Augen hatte er nicht mit einem Blick ausloten können, und als der Mann ihm den Zettel aufdrängte, hatte sein Gebaren dem ganzen Vorgang eine Art grotesker Bedeutsamkeit verliehen.

»Sie werden bald einen Sarg brauchen ...!«

Fortwährend gingen Eustace diese Worte durch den Kopf. Hätte er irgendwelche näheren Verwandten gehabt, dann hätte er die Sache vielleicht als ausgeklügelte Drohung verstehen können, aber er war so gut wie allein auf der Welt – und für wen sollte er dann einen Sarg brauchen als für sich selbst?

»Ach, verdammt noch mal!«, sagte er ungeduldig, als er seine Wohnungstür aufschloss. »Es lohnt nicht, sich darüber den Kopf zu zerbrechen. Ich darf mich von der Laune irgendeines verrückten Kaufmanns nicht ins Bockshorn jagen lassen. Ich habe schlicht niemanden zu begraben.«

Gleichwohl ließ ihn die Sache den ganzen Abend nicht los, und als sein Nachbar, der Arzt, ihn um zehn Uhr auf einen Plausch besuchen kam, war Eustace erleichtert, ihm den merkwürdigen Handzettel zeigen zu können. Der Arzt, der die zweifelhaften Zauberpraktiken miterlebt hatte, die bis zum heutigen Tag an der afrikanischen Westküste ausgeübt werden, und der sich deshalb durch nichts aus der Ruhe bringen ließ, war hocherfreut über dieses bemerkenswerte Beispiel britischen Unternehmergeists.

»Allerdings«, fügte er ernst hinzu und glättete das zerknitterte Papier auf seinem Knie, »so etwas kann eine Menge Schaden anrichten, wenn es in die Hände einer ängstlichen Person gerät. Mit dem Esel, der das verbrochen hat, würde ich gerne mal ein ernstes Wörtchen reden. Haben Sie die Adresse mal im Adressbuch nachgeschlagen?«

Eustace schüttelte den Kopf, stand auf und holte den dicken roten Wälzer, der London zu einer englischen Stadt macht. Gemeinsam fanden sie die Gray's Inn Road und suchten darunter die Nr. 606.

»›Harding, G. J., Sarghändler und Bestatter.‹ Nicht sonderlich aufschlussreich«, murmelte der Arzt.

»Sarghändler ist ein bisschen seltsam, oder?«, fragte Eustace.

»Ich nehme an, er stellt Särge en gros für den Handel her. Aber ich wusste auch nicht, dass sie sich so nennen. Jedenfalls scheint mir dieser Handzettel ein echtes Stück reinsten Schwachsinns zu sein. Der Armleuchter sollte daran gehindert werden, auf diese Weise Werbung zu machen.«

»Ich gehe morgen hin und suche ihn auf«, sagte Eustace ohne Umschweife.

»Nun, er hat Ihnen eine Einladung überreicht«, sagte der Arzt, »also ist es Ihrerseits nur höflich, hinzugehen. Ich komme dann am Abend vorbei, um zu erfahren, was es mit ihm auf sich hat. Ich vermute, Sie werden ihn ziemlich übergeschnappt finden.«

»So ungefähr«, sagte Eustace, »sonst würde er nicht Leuten wie mir solche Zettel in die Hand drücken. Ich habe niemanden zu begraben als mich selbst.«

»Nein«, sagte der Arzt im Flur, »ich denke, das haben Sie nicht. Lassen Sie sich bloß keinen Sarg anmessen, Reynolds!«

Eustace lachte.

»Man weiß nie«, sagte er mit gespieltem Ernst.

## III

Der folgende Tag war einer dieser hinreißenden blauen Tage, von denen es im November nur wenige gibt, und Eustace fuhr voller Freude nach Wimbledon hinaus, um eine Runde Golf zu spielen – oder eher zwei. Daher dämmerte es schon, als er sich auf den Weg zur Gray's Inn Road machte, auf der Suche nach dem Unerwarteten. Trotz der scherzhaften Bermerkungen des Arztes und des knappen Eintrags im Adressverzeichnis wusste er nicht recht, was er von seinem Vorhaben halten sollte. Er konnte sich des Gedankens nicht erwehren, dass der Arzt schließlich den Mann mit den kleinen tiefgründigen Augen nicht gesehen hatte, und außerdem konnte er nicht vergessen, dass Mr. G. J. Hardings Selbstbezeichnung als Sarghändler, um das mindeste zu sagen, das Ungewöhnliche streifte. Dennoch schien es ihm unerträglich, die ganze Sache auf sich beruhen zu lassen, ohne herauszufinden, worum es überhaupt ging. Eigentlich wäre er lieber gar nicht erst auf das Rätsel gestoßen, aber da es sich ihm nun einmal gestellt hatte, ließ ihm die Aufklärung keine Ruhe.

Gray's Inn Road Nr. 606 sah nicht wie ein übliches Bestattungsgeschäft aus. Das Fenster war mit schwerem schwarzem Tuch verhängt, ermangelte aber jeden anderen Schmucks. Es gab keine Dankbarkeitsbekundungen von Hinterbliebenen, keine kleinen Sargmodelle, keine Fotos von Marmorgrabsteinen. Noch befremdlicher war, dass über der Ladentür kein Name stand. Ein uneingeweihter Fremder hätte also nicht sagen können, was für ein Geschäft sich dahinter befand oder wer dafür verantwortlich war. Diese unprofessionelle Zurückhaltung war nicht geeignet, die Zweifel auszuräumen, die Eustace an der geistigen Gesundheit von Mr. G. J. Harding hegte. Gleichwohl öffnete er die Tür, die eine große Ladenglocke zu lautem Gebimmel veranlasste, und schritt über die Schwelle. Der Geschäftsraum war innen kaum aussagekräftiger als von außen. Eine lange Ladentheke teilte ihn in zwei Hälften, und an der Decke verbreitete ein nackter, zischender Gasbrenner trübes Licht. Darüber hinaus gab es im Laden keinerlei Möblierung und keinen Warenbestand außer ein paar Brettern, die in einer Ecke an der Wand lehnten. Auf der Theke stand ein großes Tintenfass. Eustace wartete geduldig ein oder zwei Minuten, und als dann immer noch niemand kam, stampfte er mit dem Fuß auf den Boden. Dies erwies sich als wirkungsvoll, denn bald hörte er Schritte, die eine Holztreppe heraufkamen. Die Tür hinter der Ladentheke ging auf, und ein Mann trat in den Laden.

Er war jetzt adrett gekleidet, und seine Hände waren nicht mehr blau vor Kälte, doch Eustace erkannte sofort den Mann, der ihm den Handzettel gegeben hatte. Dieser allerdings sah ihn ohne ein Zeichen des Wiedererkennens an.

»Was kann ich für Sie tun, Sir?«, fragte er zuvorkommend.

Eustace legte den Handzettel auf den Tisch.

»Ich möchte wissen, was das soll«, sagte er. »Ich finde das ziemlich geschmacklos, und wenn eine ängstliche Person den Zettel in die Finger bekommt, könnte es regelrecht gefährlich sein.«

»Glauben Sie, Sir? Unser Vertreter«, er verweilte liebevoll bei diesen Worten, »unser Vertreter hat Ihnen doch sicher gesagt, dass der Handzettel nur an geeignete Personen verteilt wird.«

»Genau da irren Sie sich«, sagte Eustace streng, »denn ich habe niemanden zu beerdigen.«

»Außer sich selbst«, sagte der Sarghändler verbindlich.

Eustace musterte ihn eingehend. »Ich sehe nicht ein ...«, begann er. Doch der Sarghändler unterbrach ihn.

»Sie müssen wissen, Sir«, sagte er, »dass dies hier kein normales Bestattungsunternehmen ist. Wir verfügen über Informationen, die es uns erlauben, in unserem speziellen Handelssegment jeder Konkurrenz zuvorzukommen.«

»Informationen?«

»Nun, wenn Sie es vorziehen, können wir auch Intuitionen sagen. Wenn unser Vertreter Ihnen diesen Werbezettel gegeben hat, dann weil er wusste, dass Sie ihn brauchen.«

»Verzeihen Sie«, sagte Eustace, »Sie wirken auf mich geistig einigermaßen normal, aber Ihre Worte ergeben für mich keinerlei Sinn. Sie selbst haben mir Ihre blödsinnige Werbung gegeben, und jetzt sagen Sie, Sie hätten das getan, weil Sie gewusst hätten, dass ich sie brauchen würde. Ich frage Sie: wieso?«

Der Sarghändler zuckte die Achseln. »Unser Gewerbe hat viel mit Gefühlen zu tun«, sagte er. »Ich weiß nicht, warum tote Menschen Särge brauchen, aber offenbar tun sie das. Ich für meinen Teil würde eine Feuerbestattung vorziehen.«

»Tote Menschen?«

»Ja, darauf wollte ich hinaus. Sehen Sie, Mr. ...?«

»Reynolds.«

»Sehr erfreut, mein Name ist Harding – G. J. Harding. Sehen Sie, Mr. Reynolds, unsere Intuitionen sind von ganz besonderer Art, und wenn wir sagen, Sie brauchen einen Sarg, dann heißt das – dass Sie wahrscheinlich einen brauchen werden.«

»Sie wollen damit sagen, dass ich ...«

»Exakt. In vierundzwanzig Stunden oder weniger, Mr. Reynolds, werden Sie unserer Dienste bedürfen.«

Dass der Sarghändler sich als so offensichtlich wahnsinnig herausstellte, war für Eustace eine gewisse Erleichterung. Zum ersten Mal in dem Gespräch nahm er den dunklen leeren Laden und die zischende Gasflamme über seinem Kopf wahr.

»Aber das klingt ja wie eine Drohung, Mr. Harding!«, sagte er unbekümmert.

Der Sarghändler sah ihn sonderbar an und brachte aus seiner Tasche ein gedrucktes Formular zum Vorschein. »Wenn Sie dies ausfüllen würden«, sagte er.

Eustace nahm es vom Tisch und lachte laut. Es handelte sich um die Bestellung eines Begräbnisses zu hundert Guineen.

»Ich weiß nicht, was für ein Spiel Sie hier spielen«, sagte er, »aber es reicht jetzt.«

»Vielleicht ist das so, Mr. Reynolds«, sagte der Sarghändler. Er lehnte sich über die Verkaufstheke und sah Eustace direkt in die Augen.

Einen Moment lang war Eustace belustigt, dann bekam er es plötzlich mit der Angst zu tun. »Ich glaube, es ist Zeit, dass ich ...«, begann er langsam, doch dann verstummte er und nahm alle Willenskraft zusammen, um gegen den Blick des Sarghändlers anzukämpfen. Der Gesang der Gasflamme zog sich in seinem Gehör zu einem winzigen Punkt zusammen und wurde dann ständig lauter, bis es wie das Pochen des Weltherzens dröhnte. Die Augen des Sarghändlers wuchsen und wuchsen, bis sie zu einem einzigen großen Feuerkreis verschmolzen. Eustace nahm einen Federhalter vom Tisch und füllte das Formular aus.

»Vielen Dank, Mr. Reynolds«, sagte der Sarghändler und schüttelte ihm höflich die Hand. »Ich kann Ihnen in jeder Weise eine rücksichtsvolle und prompte Bedienung versprechen. Guten Tag, Sir.«

Auf dem Gehsteig draußen blieb Eustace eine Weile stehen und versuchte sich darauf zu besinnen, was gerade geschehen war. Auf seiner Hand befand sich ein kleiner Kratzer, und als er unwillkürlich seine Lippen auf die Stelle legte, begannen sie zu brennen. Das Laternenlicht in der Gray's Inn Road kam ihm ein wenig diffus vor, und die Passanten zeigten die Neigung, ihn anzurempeln.

»Komisch«, dachte er benommen, »ich sollte lieber ein Taxi nehmen.«

Wie im Traum kam er nach Hause.

Es war beinahe zehn Uhr abends, als der Arzt sich an sein Versprechen erinnerte und zur Wohnung von Eustace hinaufging. Die Eingangstür stand halb offen, so dass er dachte, er werde erwartet. Er schaltete das Licht in dem kleinen Flur an und schloss wie selbstverständlich die Tür hinter sich. Doch als er sich umwandte, entfuhr ihm ein Überraschungsschrei. Vor ihm lag Eustace schlafend in einem Sessel, und sein hochrotes Gesicht war auf die Schulter gekippt. Sein Atem rasselte durch seine offenen Lippen. Der Arzt betrachtete ihn forschend. »Wenn ich Sie nicht kennen würde, mein junger Freund«, bemerkte er, »würde ich sagen, Sie sind voll wie eine Haubitze.«

Er beugte sich über Eustace und rüttelte an seiner Schulter. Doch Eustace wachte nicht auf.

»Seltsam!«, murmelte der Arzt und roch an seinen Lippen. »Getrunken hat er nicht.«

# Die Seele eines Polizisten

## I

Draußen, über dem ungemütlich lärmenden Verkehr, kündete der prachtvolle Himmel vom fernen Frieden eines schönen Sommerabends. Durch die obere Fensterscheibe der Polizeiwache sah Wachtmeister Bennett, dessen Sinne im Augenblick extrem geschärft waren, mit beklommenem Herzen Rot- und Gelbtöne, wie sie sich auch auf der besten Patchworkdecke zu Hause fanden. Im Gegensatz dazu waren die Lichter im Büro des Inspektors gedämpft, so dass in den Räumen der Polizeiwache Geräuschen eine größere Wichtigkeit zukam. Irgendwo trommelte ein Betrunkener, dem man die Stiefel weggenommen hatte, vor Zorn auf die Obrigkeit gegen die Wände einer Zelle. Aus dem Nebenzimmer, wo die Männer, die gerade dienstfrei hatten, sich die Zeit vertrieben, ertönte das Klacken von Billardkugeln und Dominosteinen, hin und wieder unterbrochen von rauhen Lachsalven. Und direkt neben ihm sprach der Inspektor mit dieser weichen Stimme, die Bennett an grauen Samt erinnerte.

»Sie sehen, Bennett, wie die Dinge liegen. Ich habe überhaupt nichts gegen Ihr Verhalten. Sie sind zuverlässig und pünktlich, und ich zweifle nicht daran, dass Sie versuchen, Ihre Pflicht zu tun. Aber leider, leider können Sie keine Resultate für Ihre Bemühungen vorweisen. In den letzten drei Wochen haben Sie keine nennenswerte Anzeige zustande gebracht, während Ihre Kollegen auf ihren Runden außerordentlich viel zu tun hatten, wie ich feststelle. Ich sage es noch einmal: Ich beschuldige Sie nicht, Ihre Pflichten zu vernachlässigen, aber solche Dinge spielen für die Richterschaft eine Rolle und vermitteln einen allgemeinen Eindruck von Schlendrian.«

Bennett blickte auf seine blank polierten Stiefel hinunter. Seine Finger waren fahrig, und der Boden unter seinen Füßen fühlte sich wie weicher Filz an.

»Das habe ich schon seit Längerem befürchtet, Sir«, sagte er, »sehr sogar.«

Der Inspektor blickte ihn fragend an.

»Sie haben nichts zu sagen?«, fragte er.

»Ich habe immer versucht, meine Pflicht zu tun, Sir.«

»Ich weiß, ich weiß. Aber Sie sehen doch ein, dass ein guter Polizist sich durch eine gewisse Menge an Anzeigen, wenn nicht gar Verhaftungen auszeichnet.«

»Aber Sie wollen doch wohl nicht, dass ich Unschuldige verhafte?«

»Das ist eine vollkommen unpassende Bemerkung«, sagte der Inspektor streng. »Für jetzt wollen wir es genug sein lassen. Aber ich hoffe, Sie nehmen, was ich gesagt habe, als Warnung. Sie müssen sich mehr anstrengen, Bennett, mehr anstrengen.«

Draußen auf der Straße hatte Wachtmeister Bennett Muße, dieses unangenehme Gespräch zu überdenken. Der Inspektor war ehrgeizig und daher wichtigtuerisch, er selbst hingegen war nicht ehrgeizig und deshalb bescheiden. Wenn es nur auf ihn angekommen wäre, hätte er sich vielleicht in der Überlegung gesonnt, dass er eine ganze Menge törichter Dinge nicht gesagt hatte, aber das Wohl seiner Frau und seiner Kinder fesselte ihn – lästig genug für einen Träumer – an das praktische Leben. Es war klar, dass dieses Wohl in Gefahr war, wenn er nicht von Stund an den Nachweis für seine Tauglichkeit als Hüter der öffentlichen Sicherheit erbrachte. Dennoch verfluchte er nicht den Zufall, der ihn zum Polizisten gemacht hatte, oder das Pech, dass ihm keine Straftäter zuflogen. Vielmehr blickte er mit freundlicher Neugier in die Gesichter der Menschen, die an ihm vorbeigingen, und fragte sich, wieso er keine Spur der nach allgemeiner Meinung in diesem Viertel grassierenden Bosheit entdecken konnte. Angeblich waren diese abgerissenen Männer und Frauen Diebe und sogar Mörder, aber für ihn waren sie nur glückliche Jungen und Mädchen, fröhliche Opfer der Tyrannei der Liebe.

Als er sich der Straße näherte, in der er wohnte, ließ dieses Gefühl umfassender Liebe sein Herz schneller schlagen und rührte ihn seltsam an. Es entging ihm nicht, dass seine Uniform auf die Allgemeinheit unfreundlich wirkte. Männer und Frauen hielten in ihrer lebhaften Unterhaltung inne, bis er vorbeigegangen war, und selbst die Kinder stockten beim Spielen und folgten ihm mit argwöhnischen Blicken. Und doch hegte er Sympathie für sie; er wusste, dass er ihnen nur Gutes wünschte.

Als er sein Haus aus einer Reihe ähnlicher Häuser hervorschimmern sah, erkannte er allerdings, dass ihr Standpunkt klüger war als seiner. Wenn er als Familienernährer Erfolg haben wollte, musste er einen strengeren Krieg gegen diese glücklichen, liebenswerten Menschen führen. Es war einfach, an Fälle heranzukommen – er war lange genug bei der Polizei, um zu wissen *wie* einfach. Ein unduldsames Auftreten, ein wenig provozierende Härte, und schon hatte man einen. Doch er bewunderte die Armen von ganzem Herzen wegen ihrer grimmigen geistigen Unabhängigkeit. Ihm war gerade dies immer als wichtigste Eigenschaft der Engländer erschienen; wie konnte er sie ausnutzen, um englische Gefängnisse zu füllen?

Seufzend öffnete er seine Haustür. Heraus drang das fröhliche Geschrei seiner Kinder.

Über den Telefondrähten ankerten die Sterne im wolken-losen Himmel. Unten in einer der dunklen, leeren Straßen drehte Wachtmeister Bennett an Türknöpfen und kontrollierte Fensterhalterungen, hegte aber tiefste Zweifel am Wert seiner Arbeit. Allmählich erkannte er, dass er nicht zu den wenigen gehörte, die dazu geboren sind, ihre einfachen Nachbarn, die nichts als die Luft zum Atmen begehren, zu beherrschen und zu kontrollieren. Wo er, wäre er mit diesem Drang ausgestattet, lustvoll Strafen verhängt hätte, empfand er jetzt nur Mitgefühl, das ihm eine gewisse Mitverantwortung für die Sünden der anderen auferlegte. Er teilte die unbehagliche Überzeugung der Mehrheit, dass die menschliche Gerechtigkeit, so wie sie von der erleuchteten Minderheit ausgelegt wird, alles andere als gerecht ist. Dass seine Uniform ihn so unbeliebt machte, schien ihm eine Kritik am System auszudrücken, dessen unwilliger Unterstützer er war. Er wünschte, diese Menschen würden ihn als eine Art Freund von Amts wegen betrachten, der Ratschläge erteilt und Zwistigkeiten schlichtet, aber sie waren gewiefter als er und betrachteten ihn als Feind, der von ihren Fehlern und von dem Zusammenbruch ihrer gesellschaftlichen Beziehungen profitierte.

Es blieb die Pflicht seiner Frau und seinen Kindern gegenüber, und das machte das Problem unendlich verwickelt.

Warum sollte er aus Liebe zu seinen Kindern andere Menschen bestrafen? Andererseits, warum sollten seine Kinder wegen seiner Skrupel zu leiden haben? Dennoch war klar, wenn das Schicksal ihm keine bemerkenswerte, moralisch jedoch einwandfreie Verhaftung zuspielte, müsste er entweder wie seine Kollegen betrügen und tyrannisieren oder den Dienst quittieren. Und was für eine Arbeit steht einem entlassenen Polizisten offen?

Während er systematisch von Haus zu Haus ging, störten diese Betrachtungen den gewohnten Fortgang seiner Träume. Angesichts der Sterne und der riesigen Weite des Himmels, die die Welt so klein erscheinen ließen, kam es ihm vor, als wäre die Liebe zu seiner Familie und die umfassendere Liebe, die sein Ehrgefühl bestimmte, weit eher mit der Größe des Universums verknüpft als mit der Welt kleiner Straßen und niedriger Beweggründe und dürfte daher nicht leichten Herzens übergangen werden. Doch wie lässt sich eine Liebe gegen die andere aufrechnen, wenn sie alle aufrichtig sind?

Als die Ladentür von Gurney, dem Geldverleiher, seinem Druck nachgab und ihn abrupt aus seinen Grübeleien riss, fühlte er sich zunächst nur in seinem Gedankengang gestört. Doch als seine Laterne ihm zeigte, dass das Schloss erbrochen war, verwandelte sich sein Ärger in hoffnungsvolle Erregung.

Wenn das nun der Ausweg war? Wenn das Schicksal ihm plötzlich entgegenkam und ihm die Gelegenheit bot, seine berufliche Tugend gegen das Berufsverbrechen einzusetzen, gegen diese schattenhaften Kräfte, an deren Existenz er nicht glaubte, die aber wie schwere Wolken auf seinem Leben lasteten?

Er war kein Feigling, und es kostete ihn keine Überwindung, durch die offene Tür in das stille Büro zu schleichen, ohne auf etwaige Verstärkung zu warten. Er wusste, dass der Safe, der das logische Ziel der vermutlichen Einbrecher war, sich hinten im Privatbüro von Mr. Gurney befand, und während er angespannt lauschte, schien ihm, als kämen leise Geräusche aus dem Raum. Einen Augenblick hielt er inne und runzelte die Stirn, wie man es tut, wenn man einen Eindruck einzuordnen versucht. Als seine Wahrnehmung sich klärte, vermischte sie sich mit Erinnerungen an die kleinen Tragödien seiner Kinder zu Hause. Denn jemand weinte wie ein Kind in dem kleinen Zimmer, wo Mr. Gurney sonst säumige Schuldner einschüchterte. Gefährliche Einbrecher weinen nicht, daher zögerte Bennett nicht länger, sondern schritt durch die offene Klappe der Theke und stieß die Tür zum Büro auf.

Das elektrische Licht war angeschaltet, und am Tisch saß ein schmächtiger junger Mann, der die Hände vors Gesicht geschlagen hatte und bitterlich weinte. Hinter ihm stand der Safe offen und leer, und im Kamin glühten Reste verbrannten Papiers. Bennett näherte sich dem jungen Mann und fasst ihn an der Schulter. Doch der junge Mann weinte weiter und rührte sich nicht.

So sehr er sich bemühte, konnte Bennett nicht verhindern, dass der Griff des empörten Gesetzes sich lockerte und die zuckende Schulter des jungen Mannes beruhigend tätschelte. Er war nicht mit der nötigen Grobheit und Grausamkeit ausgestattet, um diesem kindlichen Kummer zu begegnen; er konnte Tränen nur mit Tränen bekämpfen.

»Komm schon«, sagte er sanft, »du musst dich zusammenreißen.«

Beim Klang seiner Stimme schluchzte der junge Mann noch einmal heftig auf, verstummte dann und zitterte nur noch ein wenig.

»So ist es besser«, sagte Bennett aufmunternd, »viel besser.«

»Ich habe alles verbrannt«, sagte der junge Mann plötzlich, »und jetzt ist es hier ganz leer. Mir war eben ganz schlecht.«

Bennett betrachtete ihn mitfühlend, wie vielleicht ein Träumer den anderen betrachtet, der betrübt ist über eine Handlung, die er zu oft geträumt hat, um sie unbeschadet zu vollbringen. »Ich fürchte, du bist in ernsten Schwierigkeiten«, sagte er.

»Ich weiß«, erwiderte der junge Mann, »aber dieser Schuft von Gurney ...«, seine Stimme wuchs zu einem schrillen Schrei an und versagte dann einen Augenblick. Dann fuhr er leise fort: »Aber jetzt ist es alles vorbei. Zu Ende! Erledigt!«

»Ich nehme an, du warst ihm Geld schuldig?«

Der junge Mann nickte. »Er lebt von Idioten wie mir. Aber er hat gedroht, es meinem Vater zu sagen, und jetzt habe ich ihn so ziemlich ruiniert. Pah! Das Schwein!«

»Das wird für deinen Vater nicht viel besser sein«, sagte Bennett ernst.

»Nein, es ist noch schlimmer, aber vielleicht hilft es ein paar von den anderen. Er hat immer weiter gedroht, und ich konnte nicht länger warten. Verstehen Sie das nicht?«

Durch die unverhüllte Fensterscheibe über der Schulter des jungen Mannes winkten und nickten die Sterne Bennett zu.

»Ich verstehe«, sagte er, »ich verstehe.«

»Also können Sie mich jetzt festnehmen.«

Bennett schaute zweifelnd die ausgestreckten Handgelenke an. »Du bist nur ein Dummkopf«, sagte er, »ein träumender Dummkopf wie ich, und sie werden dir für diese Geschichte Jahre aufbrummen. Ich sehe nicht ein, warum sie einem Menschen Jahre aufbrummen sollten, nur weil er ein Dummkopf ist.«

Der junge Mann blickte auf, von plötzlicher Hoffnung ergriffen. »Sie lassen mich gehen?«, fragte er staunend. »Ich weiß, dass ich Mist gebaut habe. Ich glaube, ich war ein bisschen durcheinander. Aber Sie lassen mich gehen?«

»Wollte Gott, ich hätte dich nie gesehen!«, sagte Bennett einfach. »Du hast deinen Vater, und ich habe eine Frau und drei kleine Kinder. Wer soll zwischen uns richten?«

»Mein Vater ist alt.«

»Und meine Kinder sind klein. Geh lieber, bevor ich eine Entscheidung getroffen habe!« Ohne ein weiteres Wort schlich der junge Mann aus dem Zimmer und Bennett folgte ihm langsam auf die Straße. Dieser stattliche Verbrecher, dessen Ergreifung sein Ehrgefühl zugelassen hätte, war zu einem hysterischen dummen Jungen zusammengeschrumpft, und mit Hilfe von Bennetts eigenem merkwürdigen Impuls hatte der Junge ihn ruiniert. Der Einbruch hatte in seinem Revier stattgefunden; es würde eine Untersuchung geben; aber nicht einmal die brauchte es, um seinen Hinauswurf sicherzustellen. Auf der Straße blickte er hoffnungsvoll zum Himmel auf, aber jetzt wirkten die Sterne unsagbar weit entfernt, während bei seiner weiteren Runde durch das Revier seine Frau und seine drei kleinen Kinder neben ihm gingen.

### III

Bennett hatte sich geistig weiterentwickelt, ohne die zwangsläufige Folge seiner Entwicklung zu erkennen, bis die Katastrophe ihn mit aller Gewalt traf. Seine Pflichtvergessenheit als Beschützer des Privateigentums bedeutete ihm nichts, die mögliche Verarmung seiner Familie hingegen sehr viel – umso mehr, als seine Träumerseele kaum gewohnt war, die Dinge pragmatisch zu sehen. Wie merkwürdig, dachte er, dass die endgültige Kriegserklärung gegen seine Stellung es ein wenig an Würde fehlen ließ. Er hatte den entscheidenden Schritt nicht aus tiefem Erbarmen für tapfer ertragene bittere Armut vollzogen. Bei ihm war es nichts weiter als oberflächliches Mitleid für die Torheit eines jungen Mannes gewesen, und das war eine schwache Begründung für ein solch großes Opfer. Dennoch bedauerte er nichts. Seine Aufgabe als moralischer Hüter von Männern und Frauen war ihm unmöglich geworden, und er hätte sie früher oder später sowieso aufgeben müssen. Und dann war da noch seine Familie. »Ich muss zu einer Entscheidung kommen«, sagte er entschlossen zu sich selbst.

Und dann drang der große Schrei in seine Ohren und hallte für immer und immer in seinem Kopf wider. Der Schrei kam aus dem Haus, vor dem er stand, und er erwartete, dass die ganze Straße vor Entsetzen erwachte. Aber es folgte eine Stille, die den Grauen erregenden Laut noch unterstrich. In der Ferne kreischte ein Motor wie ein höhnisches Nachäffen, das war alles. Bennett zählte bis hundertsiebzig, ehe die Haustür geöffnet wurde und ein Mann auf den Stufen erschien.

»Oh, Wachtmeister«, sagte er gelassen, »kommen Sie doch herein. Ich möchte Ihnen etwas zeigen.«

Bennett stieg unschlüssig die Stufen empor. »Da war ein Schrei«, sagte er.

Der Mann warf ihm einen kurzen Blick zu. »Sie haben ihn also gehört«, sagte er. »Der war nicht schön.«

»Nein, das war er nicht«, erwiderte Bennett.

Der Mann führte ihn durch einen finsteren Flur in das hinten gelegene Wohnzimmer. Auf dem Sofa lag der Körper eines Mannes, zusammengerollt wie ein vertrocknetes Blatt.

»Das ist mein Bruder«, sagte der Mann mit einem kurzen, bedeutungsvollen Kopfnicken. »Ich habe ihn umgebracht. Er war mein Feind.«

Bennett starrte den Leichnam ungläubig an.

»Tot!«, sagte er mechanisch.

»Und alles, was ich sage, wird gegen mich verwendet! Als ob man meinen Hass in ein einziges kleines verlogenes Notizbuch zusammenpressen könnte.«

»Ihr Hass interessiert mich nicht im Geringsten«, sagte Bennett grimmig. »Vor einer Stunde hätte ich Sie vielleicht verhaftet; jetzt finde ich sie bloß uninteressant.«

Der Mann pfiff vor Überraschung leise durch die Zähne.

»Ein Philosoph in Uniform«, sagte er. »Gott! Sir, Sie haben mein Mitgefühl.«

»Und Sie tun mir leid. Sie haben Ihre Ideen aus billigen Melodramen gestohlen, und Sie machen Tragödien lächerlich. Wäre ich Polizist, würde ich Sie mit Vergnügen einsperren. Wäre ich ein Mann, würde ich Sie mit Genuss verprügeln. Wie die Dinge liegen, kann ich aber nur Ihre Schändlichkeit teilen. Auch ich bin vermutlich ein Mörder.«

»Sie sind mit den Nerven herunter«, sagte der Mann, »und Sie tun mir Unrecht. Es stimmt, dass ich ein schlechter Mörder bin, aber mir scheint, Sie sind ein noch schlechterer Polizist.«

»Ich werde nach heute Nacht die Uniform nicht mehr tragen.«

»Ich glaube, das ist klug von Ihnen, und ich werde meine Philosophie nicht mit weiteren Morden besudeln. Falls ich ihn tatsächlich getötet haben sollte, denn ich versichere Ihnen, dass ich nichts getan habe, außer seinem elenden Leib das Gift zu verabreichen. Vielleicht ist er gar nicht tot. Können Sie sein Herz schlagen hören?«

»Ich kann hören, wie meine Kinder mit den Löffeln auf ihre leeren Teller schlagen!«

»Steht es so um Sie? Armer Teufel! Ach, Sie armer, armer Teufel! Philosophen sollten weder Frau noch Kinder, noch ein Heim oder ein Herz haben.«

Bennett wandte sich mit unsagbarem Abscheu von dem Mann ab.

»Ich hasse Sie und Ihresgleichen!«, rief er kraftlos. »Sie rechtfertigen die Existenz der Polizei. Sie zwingen mich dazu, mich selbst zu verachten, weil ich einsehe, dass Ihre Verbrechen ebenso die meinen wie die Ihren sind. Ich verlange nicht, dass Sie den Tod dieses Wesens, das da liegt, verteidigen. Ich werde keinen Finger rühren, um Sie an den Galgen zu bringen, denn der Gedanke an Selbstmord stößt mich ab, und ich kann Ihr Blut nicht von meinem trennen. Wir sind gemeinsame Kinder einer edlen Mutter, und um Ihrer Mutter willen sage ich Lebwohl.«

Und ohne auf eine Antwort des Mannes zu warten, ging er auf die Straße hinaus.


IV

Verstört und mit widerspenstigen Gliedern schwankte Wachtmeister Bennett am frühen Morgen in das Büro des Inspektors.

»Ich habe Ihren Rat sorgsam befolgt«, sagte er zum Inspektor, »und bin auf der Suche nach Verbrechen durch die Stadt gewandert. Stattdessen habe ich nur Torheit gefunden – Torheit, wie Sie sie haben, wie ich selbst sie habe – das gemeinsame Erbteil unseres Geschlechts. Anscheinend habe ich mich irgendwie verpflichtet, Verbrecher dem Gesetz zu überliefern. Ich bin durch die Stadt gewandert und habe keinen Menschen gefunden, der schlechter ist als ich. Machen Sie mit mir, was Sie wollen.«

Der Inspektor räusperte sich.

»Es hat zu viele Klagen über das Verhalten der Polizei gegeben«, sagte er. »Es ist an der Zeit, dass ein Exempel statuiert wird. Sie werden beschuldigt, im Dienst betrunken gewesen zu sein und sich unbotmäßig benommen zu haben.«

»Ich habe eine Frau und drei kleine Kinder«, sagte Bennett leise – »und zwar drei hübsche kleine Kinder.« Und er vergrub sein müdes Gesicht in den Händen.

# Der Zauberer

Das Publikum war ziemlich aufgebracht. Erstens fühlten sich die Leute betrogen, weil Cissie Bradford, deren lächelndes Konterfei die Plakate draußen schmückte, nicht aufgetreten war, und zweitens erschien ihnen der Ersatz für diese berühmte Dame mehr als ungenügend. Dem kleinen Mann, der im grellen Scheinwerferlicht schwitzte und im vergeblichen Bemühen, seine Nerven zu beruhigen, verzweifelt mit Glaskugeln jonglierte, wurde nur zu deutlich, dass seine Nummer ein Fiasko war. Und während er sich abmühte, hätte er am liebsten vor Enttäuschung geweint, denn dies war eine Probevorstellung, und im Erfolgsfall wäre ihm ein Engagement für ein ganzes Jahr bei Hennings Varieté-Gesellschaft sicher gewesen. Aber seine Tricks – Dinge, die er Tausende von Malen mit größter Leichtigkeit ausgeführt hatte – waren eine einzige Abfolge von Schnitzern, die im Publikum eher Heiterkeit als ungläubiges Staunen auslösten. Eben zersplitterte eine der Glaskugeln auf dem Bühnenboden, und während die Galerie johlte, wandte er sich an seine Frau, die als Assistentin fungierte.

»Ich habe meine Chance vertan«, sagte er verzweifelt, »ich schaffe es nicht.«

»Macht nichts, mein Schatz«, flüsterte sie. »Zu Hause wartet ein Abendessen mit feinen Steaks und Zwiebeln.«

»Das hilft nichts«, sagte er bitter. »Ich probiere es noch mit dem Verschwindetrick, und dann gehe ich ab. Ich habe hier nichts mehr verloren.«

»Meine Damen und Herren«, sagte er mit schwankender Stimme zu den Spöttern, »ich komme jetzt zur letzten Nummer meiner Darbietung. Ich werde diese Dame vor

Ihren Augen verschwinden lassen, ohne die Unterstützung mechanischer Vorrichtungen oder Kunstgriffe.« Das war reines Geschwätz, denn es war eigentlich keine sonderlich umwerfende Illusion. Und während er seine Frau nach vorne führte, um sie dem Publikum vorzustellen, fragte er sich, ob das Missgeschick, das seine Chance ruiniert hatte, auch hier auf ihn lauerte. Wenn irgendetwas schiefging – er spürte die Hand seiner Frau in der seinen zittern und drückte sie fest, um sie zu ermutigen. Er musste sich anstrengen, seinen ganzen Willen aufbringen, dann würden keine Fehler passieren. Eine Sekunde lang tanzten die Lichter vor seinen Augen, dann riss er sich zusammen. Sollte ein Erdbeben die Vorhänge erschüttern und peinlicherweise enthüllen, wie Molly nach hinten kroch, würde er dennoch seinem Schicksal wie ein Mann entgegentreten. Er wandte sich seiner Frau zu, um sie in den kleinen Alkoven zu führen, von dem aus sie verschwinden sollte. Sie war nicht auf der Bühne!

Einen Augenblick lang merkte er gar nicht, wie groß die Katastrophe war. Dann wurde ihm klar, dass im Theater angespannte Stille herrschte, und dass er würde erklären müssen, dass dieser letzte Programmpunkt ein noch größerer Reinfall war als alles Übrige. Aufgrund einer plötzlichen Indisposition ... es kribbelte ihn am ganzen Leib, wenn er an die Buhrufe dachte. Seine Zunge raspelte an den aufgesprungenen Lippen, als er sich ein Herz fasste und sich vor dem Publikum verbeugte.

Da brach der Applaus los. Wieder und wieder toste er aus allen Richtungen, während der Vorhang sich hob und fiel und der Zauberer stumm und verständnislos auf der Bühne stehenblieb. Was war geschehen? Zunächst dachte er, man mache sich über ihn lustig, aber es war unmöglich, den Beifall misszuverstehen. Außerdem gab ihm der Inspizient Vorhang auf Vorhang, als sei er ein Star. Als schließlich der

Vorhang unten blieb und das Orchester die Eröffnungstakte des folgenden Couplets anstimmte, schwankte er auf die Seitenbühne, als wäre er betrunken. Dort traf er Mr. Hennings persönlich.

»Sie passen zu uns«, sagte der große Mann. »Der letzte Trick war fabelhaft. Die anderen sollten sie aber noch einmal aufpolieren. Ich nehme an, Sie wollen mir nicht sagen, wie Sie das gemacht haben? Gut, gut, kommen Sie morgen früh in mein Büro, dann machen wir den Vertrag.« Ohne ein Wort zu sagen, ließ sich der Zauberer von dem Napoleon des Vaudeville von der Bühne führen. Mr. Hennings hatte noch ein Wort mit seinem Manager zu reden.

»Verrückt«, sagte er. »Haben Sie das gesehen?«

»Das Erstaunlichste, was wir je gesehen haben.«

»Was glauben Sie, wie er das gemacht hat?«

»Keine Ahnung. Im einen Moment hatte er sie am Arm, im nächsten war sie verschwunden, ohne Versenkung oder Vorhang oder sonst was.«

»Da steckt Geld drin, was?«

»Der Hit des Jahrhunderts, würde ich annehmen.«

»Ich mache schnell den Vertrag fertig und lasse ihn noch heute Abend unterschreiben. Machen Sie weiter.« Und Mr. Hennings eilte in sein Büro.

Inzwischen wanderte der Zauberer mit schwerem Herzen wie ein verirrtes Kind hinter der Bühne umher. Was war geschehen? Warum hatte er Erfolg gehabt, und warum starrten ihn die Leute so merkwürdig an, und was war aus seiner Frau geworden? Als er die Bühnenarbeiter fragte, lachten sie und sagten, sie hätten sie nicht gesehen. Warum lachten sie? Er brauchte sie, um ihr alles zu erklären und ihr von ihrem großen Glück zu erzählen. Aber sie war nicht in ihrer Garderobe, sie war nirgends. Einen Augenblick lang hatte er nicht übel Lust, zu weinen.

Dann riss er sich zum zweiten Mal an diesem Abend zusammen. Eigentlich gab es keinen Grund zur Aufregung. Er sollte sich über den Vertrag freuen, wie auch immer er zustande gekommen war. Anscheinend hatte seine Frau auf unbegreifliche Weise die Bühne verlassen, ohne dass es jemand gesehen hatte. Um die Sache noch geheimnisvoller zu machen, war sie vermutlich im Kostüm nach Hause gegangen, ohne dass selbst der Pförtner am Bühneneingang es bemerkt hatte. All das war sehr seltsam, aber es musste eine ganz einfache Erklärung dieser Art geben. Er würde ein Taxi nach Hause nehmen und sie dort vorfinden. Es gab Steak mit Zwiebeln zum Abendessen.

Während der Taxifahrt wuchs seine Überzeugung, dass seine Theorie zutraf. Molly war schon immer schlau gewesen, und diesmal war es ihr wahrhaftig gelungen, alle Welt zu überraschen. Vor seiner Haustür gab er dem Fahrer voller Erleichterung einen ganzen Shilling Trinkgeld. Das konnte er sich jetzt leisten. Er rannte vergnügt die Treppe hinauf und öffnete die Tür. Der Flur lag im Dunkeln, und er wunderte sich, dass seine Frau die Gaslampe nicht angemacht hatte.

»Molly«, rief er, »Molly!«

Das kleine, müde Dienstmädchen kam mit einer Wolke aus appetitanregendem Zwiebelduft aus der Küche.

»Ist die Gnädige nicht mit Ihnen nach Hause gekommen, Sir?«, fragte sie.

Der Zauberer musste sich mit der Hand an der Wand abstützen, und es kam ihm vor, als würde das Tapetenmuster seine Fingerspitzen verbrennen.

»Nicht hier!«, ächzte er, so dass das Mädchen Angst bekam. »Wo ist sie denn dann? Wo ist sie?«

»Ich weiß nicht, Sir«, begann sie stotternd, aber der Zauberer machte auf dem Absatz kehrt und rannte aus dem

Haus. Natürlich musste seine Frau im Theater sein. Es war absurd, anzunehmen, sie hätte unbemerkt im Kostüm das Theater verlassen können, und jetzt machte sie sich wahrscheinlich Sorgen, weil er nicht auf sie gewartet hatte. Wie dumm war er doch gewesen!

Es dauerte eine Viertelstunde, bis er ein Taxi fand, und das Theater war dunkel und leer, als er wieder dort ankam. Er klopfte an die Bühnentür, und der Nachtwächter öffnete.

»Meine Frau?«, rief er.

»Hier ist niemand mehr, Sir«, antwortete der Mann respektvoll, denn er wusste, dass an diesem Abend ein neuer Star aufgetreten war.

Der Zauberer lehnte sich geschwächt an den Türpfosten.

»Bringen Sie mich zu den Garderoben«, sagte er. »Ich möchte nachschauen, ob sie dort gewesen ist, während ich fort war.«

Der Nachtwächter ging durch die dunklen Flure voraus. »An Ihrer Stelle würde ich mir keine Sorgen machen, Sir«, sagte er. »Sie kann nicht weit gekommen sein.« Er hatte keine Ahnung, aber er wollte sein Mitgefühl zeigen.

»Gott allein weiß es«, murmelte der Zauberer. »Ich verstehe das einfach nicht.«

In der Garderobe lagen Mollys Kleider immer noch sorgfältig zusammengelegt, wie sie sie zurückgelassen hatte, als sie am Abend auf die Bühne gegangen waren. Als der Zauberer das sah, verließ ihn seine letzte Hoffnung, und ein seltsamer Gedanke ergriff von ihm Besitz.

»Ich möchte gerne zur Bühne hinuntergehen«, sagte er, »und nachsehen, ob da irgendeine Spur von ihr ist.«

Der Nachtwächter warf dem Zauberer einen Blick zu, als hielte er ihn für verrückt, aber er folgte ihm schweigend zur Bühne hinunter. Dort angekommen, beugte sich der Zauberer plötzlich vor, das Gesicht voll schmerzlicher Sehnsucht.

»Molly!«, rief er. »Molly!«
Aber das leere Theater antwortete nur mit einem Echo.

# Blaues Blut

Er saß in der Mitte des großen Cafés, den Kopf auf die Hände gestützt, verzweifelt fast bis zur Verbitterung. Innerlich verwünschte er seine Vorfahren, die ihm wenig mehr als einen großen Namen hinterlassen hatten und einen kleinen, lächerlichen Körper. Er dachte an seinen Vater, der mit seinen teuren Extravaganzen die Zeitgenossen amüsiert und sein Vermögen durchgebracht hatte; an seine Mutter, für die der Tod eine Gnade gewesen war; an seine Großeltern und seine Onkel, an denen nie jemand irgendetwas Gutes hatte finden können. Doch vor allem verwünschte er sich selbst, dessen Verrücktheiten auch die erbliche Veranlagung nicht gänzlich erklären konnte. Er erinnerte sich an die Schule, wo er keine Freunde gewonnen, an die Universität, wo er keinen Abschluss gemacht hatte. Seit seinem Abgang aus Oxford hatte sein ziel- und hoffnungsloses und vielleicht nur durch Zufall lasterhaftes und ehrloses Leben sogar seinen Titel jedes gesellschaftlichen Werts beraubt, und einer nach dem anderen hatten seine Bekannten ihn der Gesellschaft von gebrochenen Männern und Mädchen überlassen, die alles andere als leicht waren. Und selbst diese, und hier mochte die Wurzel seiner Bitterkeit liegen, sahen ihn lediglich als Opfer ihres Spotts, ein Wesen, das noch armseliger war als sie und an dem sie den Zorn ihrer gequälten Seelen auslassen konnten. Und zu guter Letzt bekümmerte ihn, dass ihm kein einziger Tag in seinem ganzen Leben einfiel, der Bewunderung verdient hätte, kein vergangener Traum, an dem er sich hätte freuen, kein Winkel tief in seinem Herzen, den er hätte lieben können. Der niedrigste Landstreicher, der verächtlichste Nachtstreuner hatte noch einen Funken Stolz, doch er hatte nichts, rein gar nichts. Er war ein armer Schlucker noch in seinen Träumen, ein emotionaler Bankrotteur.

Mit unterdrücktem Schluchzen leerte er sein Brandyglas und bestellte beim Kellner ein neues. In früheren Zeiten hatte er eine gewisse sentimentale Befriedigung in der Benommenheit des Rauschs gefunden. Damals hatte er durch den Schleier der Illusion, den die Trunkenheit um sein Bewusstsein legte, die Verachtung der Menschen als freundschaftliche Vertrautheit, den Hohn der Frauen als das Lachen leichtfertiger Liebe wahrgenommen. Doch jetzt brachte ihm der Alkohol nur die schmerzhafte Erkenntnis seiner Verlorenheit, die durch seine armselige Seele wie durch Käse schnitt. Dennoch kam er Abend für Abend hierher, um sich erneut vom Spott der heruntergekommenen Gäste peinigen zu lassen, von der sorglos auftrumpfenden Musik des Orchesters, die ihm einen Frühling ohne Blumen und einen Morgen ohne Hoffnung verkündete. Denn das letzte ihm verbliebene Gefühl basierte auf diesem selbst erzeugten Schmerz – nur unter der Geißel seiner Selbstverachtung konnte er frei atmen.

Müßig ließ er seine trüben Augen durch den Raum schweifen, von Tisch zu Tisch und von Gesicht zu Gesicht. Viele kannte er vom Sehen, doch von keinem konnte er Anteilnahme oder Freundschaft erwarten. In seiner Verbitterung beneidete er die Feiglinge, die genug Schneid hatten, Vergessen oder Strafe im Tod zu suchen. Als er den Blick auf seine weichen, unschönen Hände senkte, wunderte er sich, dass in etwas so Nutzlosem Leben pulsierte, und doch fürchtete er körperlichen Schmerz, und der Gedanke an den Tod erfüllte ihn mit Grauen. Er hatte ferne Vorfahren, deren Heldentaten in Balladen besungen wurden und seinen Namen im glanzvollen Irrsinn alter Schlachten zum

Klingen brachten. Doch jetzt wusste er, dass er ein Feigling war, und selbst in diesem Wissen fand er keinen Trost. Es ist nicht jedermann gegeben, sich fröhlich selbst zu hassen.

Die Musik und das Gelächter drangen mit spöttischer Beharrlichkeit an sein benebeltes Bewusstsein, und er bebte vor ohnmächtigem Zorn über die offensichtliche Lebensfreude der Menschen. Warum sollten diese Leute fröhlich sein, wenn es ihm elend ging, welches Recht hatte das Orchester, angesichts seiner Niederlage einen Triumphgesang anzustimmen? Er trank einen Brandy nach dem anderen, vergeblich suchte er den Ekel zu betäuben, der seine gereizten Nerven heimgesucht hatte; aber der unreine Schnaps quälte sein Gehirn nur mit der Ansicht neuer und tieferer Schrecken, während sein Körper als abstoßender Balg darunter liegenblieb. Hätte er zu beten verstanden, so hätte er darum gefleht, dass etwas entzweispringen möge. Doch kein Mensch kann allein aus Hass zum Glauben finden, und sein Herz war kalt wie der Marmortisch, an dem er lehnte. Es gab keine Hoffnung in der Welt ...

Als er das Café verließ, berührte die Nachtluft sein Gesicht so rein und kühl, und die Lichter auf dem Platz taten seinen Augen so wohl, dass seine Niedergeschlagenheit für einen Moment nachließ. Und in diesem Augenblick erschien ihm inmitten der vorbeiziehenden Menge ein schönes Antlitz, ein von Perlen und den Herzblättern einer Rosenknospe berührtes Antlitz. Er beugte sich sehnsuchtsvoll vor. »Christine!«, rief er. »Christine!«

Dann schwand die Illusion, und getroffen vom Groll der gnadenlosen Sterne erkannte er, dass er bloß eine gewöhnliche Frau ansah, eine irdische Frau. Schaudernd floh er vor ihrem Lächeln.

Beim Gehen schien es ihm, als schubsten die schwankenden Häuser ihn hin und her, so wie Kinder mit einem

Ball spielen. Manchmal stießen sie ihn gegen Menschen, die ihn verwünschten und seinen weichen Körper mit ihren Fäusten traktierten. Manchmal stellten sie ihm ein Bein und schleuderten ihn auf die Pflastersteine. Dennoch hielt er durch, bis sich vor ihm der Themse-Uferdamm mit dem plötzlichen Frieden der Weite öffnete, und er lehnte sich gegen die Brüstung, schwer atmend und krank vor Schmerz, aber befreit von der Tyrannei der Häuser.

Unter ihm strömte der Fluss schweigend dem Meer zu, aber lebendiger, so schien es, als das tief Peinigende, das ihm das Schicksal ans Gehirn geheftet hatte. Er stellte sich vor, wie das dunkle Wirrsal des Wassers ihn umfing und gleich dem Haar eines Mädchens auf sein Gesicht fiel, bis es seine Augen verdüsterte und seinen Mund vollstopfte, der selbst jetzt noch nicht schnell genug einatmen konnte, um ihn zufriedenzustellen. Der Gedanke missfiel ihm, und er wandte sich ab von dem Ort, der anderen Menschen Frieden bot, aber nicht ihm. Aus dem Schatten einer der Sitzbänke erreichte ihn die Stimme einer Frau, die mürrisch um Geld bettelte.

»Ich habe keins«, sagte er automatisch. Dann besann er sich und warf Münzen, alles Geld, das er hatte, in ihren Schoß. »Ich gebe es dir, weil ich dich hasse!«, schrie er und eilte davon, damit ihr Dank nicht seine Gehässigkeit vereitelte.

Dann hatten die schwarzen Häuser und krummen Straßen ihn wieder im Griff und trieben mit ihm ihr Spiel, bis sein Bewusstsein sich zu einer einzigen weißen, heißen Spitze aus Schmerz zusammenzog. Oben lachten die Sterne stumm in den Fernen des Alls, und manchmal betrachtete ein Polizist oder ein zufälliger Passant verwundert seine taumelnde Gestalt, aber er wusste nur, dass das Leben ihn über das Maß des Erträglichen quälte und dass er es dennoch ertrug. Hin und her durch die eisigen Gänge seines Gehirns flackerte sein Denken, formlos, zeitlos, wie eine nagende Flamme. Einmal war er das Universum, ein riesiges, im Todeskampf widerwärtig gefangenes Wesen, dann wieder war er ein Staubkorn, ein Atom, dessen unendliche Qual selbst Gott verschlossen war. Immer war da ein Etwas – etwas, das sich der unerträglichen Last, die sich Leben nennt, bewusst war und verzweifelt danach flehte, nicht gezeugt worden zu sein. Die ganze Zeit, während seine Seele gegen die Gitterstäbe schlug, torkelte sein Körper hilflos, orientierungslos durch die Straßen.

Es gibt eine Stunde vor der Dämmerung, in der müde Menschen sterben, und als diese Stunde kam, fand sein Geist eine seltsame Erlösung vom Schmerz. Einmal noch wurde ihm klar, dass er ein Mensch war, und zerschunden und erschöpft wie er war, versuchte er, die letzten Fäden der Vernunft, die die Nacht ihm abgerissen hatte, zusammenzulesen. Ihm gegenüber befand sich ein weitläufiges Gebäude, das sich unscharf von der Dunkelheit abhob, und irgendwie berührte es eine Erinnerung in seinem sterbenden Geist. Eine Weile lang wandelte er zwischen den Schatten umher, und dann erkannte er, dass es der Wohnturm einer Burg war, seiner Burg – und dass hoch oben, wo ein Fenster in die Nacht leuchtete, ein Mädchen auf ihn wartete, ein Mädchen mit einem Antlitz aus Perlen und Rosen. Schon kam sie ans Fenster und schaute hinaus, ganz in Weiß gekleidet, um ihrer Liebe willen. Er richtete sich auf in seiner Rüstung und ließ sein Schwert im Licht der neidvollen Sterne aufblitzen.

»Ich bin es, meine Liebste!«, rief er. »Ich bin hier.«

Und dort, ehe die Dämmerung die Schatten des Gerichtshofs grau gefärbt hatte, fanden sie ihn – zerschlagen, schmutzig und blutverschmiert, ohne das Schwert und die Sporen seiner Ehre, ohne das süßduftende Andenken seiner Liebe. Das war keineswegs tragisch, denn hier lag kein Unglücksfall vor, es hatte sich lediglich die erbarmungslose Logik der Natur vollzogen. Über Jahrhunderte waren die Träger seines Namens durch die Tapferkeit ihrer Vorfahren gefeit gewesen gegen die banalen Unbilden und Heimsuchungen, die uns zu Menschen machen. Und jetzt lag er auf dem Straßenpflaster, steif und kalt, ein kleines Kind, das sich in Schlaf geweint hatte, weil es nicht verstehen konnte – still bis zum Morgen.

# Schicksal und Künstler

Die Arbeitersiedlung befand sich im Nordwesten von London, in malerischer Konkurrenz zur komfortablen Hässlichkeit der Wohnblöcke im Maida Vale-Viertel. Die Häuser waren recht neu und sehr gut gebaut, mit großzügigen Steintreppen, die den ganzen Tag von den ungeduldigen Schritten der Kinder widerhallten, sowie Flachdächern, auf denen diese spielen und ihre Mütter Wäsche aufhängen konnten. Bei Hitze war es höchst vergnüglich, zwischen den langen Gassen kühler weißer Leintücher Verstecken oder Fangen zu spielen, und wenn ein plötzlicher Windstoß oder eine unerwartete Wendung des Spiels den Kindern die nassen Laken ins Gesicht klatschten, belebte das ihre Sinne eher, als dass es sie ärgerte.

Für George, der in einer Ecke der Brüstung vor sich hin träumte, die ganz London in einen Käfig zu verwandeln schien, waren diese Spiele kaum wichtiger als die Rufe und Pfiffe, die von der Straße unten heraufhallten. Es kam ihm vor, als hätte er sein ganzes Leben – er hatte schon elf auf dem Buckel – in einer Ecke gestanden und anderen Leute zugesehen, wie sie sich mit sinnlosen Späßen und Kaspereien abgaben. Die Sonne schien heiß, und trotzdem rannten die Kinder umher, so dass ihnen noch heißer wurde. Das wunderte ihn ebenso wie es ihn, als er mit einer seiner häufigen Krankheiten im Bett lag, verwundert hatte, dass die Erwachsenen kamen und gingen, Arme und Beine schwenkten und mit ihren Mündern redeten, während es möglich war, still und ruhig dazuliegen und zu spüren, wie die Augenblicke in seinem Kopf wie bei einer tickenden Uhr verrannen. Wie er da so in seiner Ecke hockte, spürte er die scharfe Kante des Steinsimses, auf dem er saß, und die dünnen Eisenstäbe, die gegen seinen Rücken drückten; er roch den Gestank des aufgeheizten London und den Seifengeruch der Wäsche; er sah den Staub flimmern, und der Lärm um ihn her trommelte auf ihn ein, aber er konnte in alldem keinerlei Sinn entdecken. Das Leben plärrte mit hundert Stimmen, während er sich nach Stille sehnte. Für die älteren Bewohner der Mietskaserne war er ein kränklicher kleiner Junge, leider zu zart, um ihm gefahrlos Vernunft einbläuen zu können. Von seinen Altersgenossen wäre er vollkommen ignoriert worden, hätte er nicht diese seltsamen Phantasien gehabt, aus denen spannende Geschichten entstanden, die manchmal auch zu Spielen wurden. Alles in allem war George einsam, ohne zu wissen, was Einsamkeit bedeutet.

Den ganzen Tag lang pulsierte der Lärm Londons durch die Gitterstäbe herauf, und George betrachtete mit seinen kleinen, aufmerksamen Augen die Schornsteine und die Hausdächer und den Ausschnitt der belebten Straße, der in seinem Blickfeld lag, und fragte sich, warum die Welt nicht, statt in ständiger Unruhe zu ächzen und zu erbeben, auf der Stelle zu stummem, friedlichem Staub zerfiel. Doch wenn sich die Dämmerung herabsenkte und die Kinder keine Lust mehr zum Spielen hatten, kamen sie in seine Ecke am Wassertank und baten ihn, Geschichten zu erzählen. Der Tank war groß und offen und sammelte das Regenwasser für die Bewohner, und ursprünglich war er vom Rest des Dachs durch ein eigenes Geländer getrennt gewesen; doch es war an zwei Stellen schadhaft, und die Kinder konnten hindurchkriechen und sich im Zwielicht um den Tank setzen wie orientalische Dorfbewohner um den Dorfbrunnen.

Dann erzählte George ihnen Geschichten – seltsame Geschichten mit entstellten Gesichtern und zerbrochenen

Rücken, die in der Regel fröhlich tanzten und umhertollten, manchmal aber stehenblieben und schreckliche Grimassen schnitten. Die Kinder mochten aber die lustigen Geschichten, die eine Moral hatten, lieber, wie zum Beispiel ›Arthurs Stiefel‹.

»Es war einmal«, begann George, »ein Junge, der hieß Arthur, der lebte in einem Haus wie diesem hier und band seine Schnürsenkel immer mit Knoten statt mit Schleifen. Eines Abends stand er auf dem Dach und wünschte sich, er hätte Flügel wie ein Sperling, so dass er über die Häuser hinwegfliegen könnte. Da kam ein starker Wind auf, so dass alle sagten, das ist ein Sturm, und plötzlich merkte Arthur, dass er zwei kleine Flügel hatte, und er flog mit dem Wind über die Häuser. Und dann kam er hinter dem Sturm an einen stillen Ort am Himmel, und Arthur schaute nach oben und sah all die Sterne, die mit Schnüren am Himmel festgemacht waren, und alle Schnüre waren mit Schleifen gebunden. Und das war so, damit der liebe Gott, wenn er Lust hatte, leicht daran ziehen konnte, um die Sterne fallen zu lassen. In schönen Nächten könnt ihr sie fallen sehen. Arthur dachte, dass die Engel sehr geschickte Finger haben müssten, um so viele Schleifen zu binden, aber auf einmal begannen seine Füße schwer zu werden, und er bückte sich, um seine Stiefel auszuziehen. Aber er konnte die Knoten nicht schnell genug aufkriegen, und bald stürzte er ab. Und während er stürzte, hörte er den Wind in den Telegraphendrähten und die Rufe der Zeitungsjungen, und dann fiel er auf das Dach eines Hauses. Und man brachte ihn ins Krankenhaus und schnitt ihm die Beine ab, und er bekam stattdessen welche aus Holz. Aber er konnte nie mehr fliegen, denn sie waren viel zu schwer.«

Noch Tage danach banden sich alle Kinder ihre Schuhe mit Schleifen.

Manchmal schauten sie alle in den dunklen Tank, und George erzählte ihnen von dem herrlichen Fisch, der dort unten in der Tiefe lebte. Wenn der Tank nur halb voll war, flüsterte er dem Fisch etwas zu, und die Kinder hörten dessen undeutliche Antwort. Wenn der Tank aber randvoll war, sagte er, der Fisch sei zu glücklich, um zu reden, und er beschrieb seine Schönheit so anschaulich, dass alle Kinder sich über den Tank lehnten und sich verzweifelt anstrengten, diesen wundervollen Fisch zu sehen. Doch niemand sah ihn jemals deutlich außer George, obwohl die meisten glaubten, sie hätten das ein oder andere Mal gesehen, wie sein Schwanz im Schatten verschwand.

Es war ungewiss, wie weit die Kinder seinen Geschichten Glauben schenkten. Da sie noch nicht gelernt hatten, die Dinge zu hinterfragen, akzeptierten sie bereitwillig Vorstellungen, die dem Leben einen zauberischen Glanz verliehen. Doch dieser erfreuliche Bewusstseinszustand änderte sich mit der Ankunft von Jimmy Simpson. Jimmy war einer von jenen tyrannischen dummen Jungen, die sich in Spielen und körperlichen Wettkämpfen hervortun und sich über geistige Probleme mit prahlerischer Ignoranz erheben. Von Anfang an strafte er George mit Verachtung, und wenn er ihn seine Geschichten erzählen hörte, machte er keinen Hehl aus seinem Unglauben.

»Das ist 'ne Lüge«, sagte er, »da ist kein Fisch im Tank.«

»Ich hab ihn aber gesehen, sag ich dir«, sagte George.

Jimmy spuckte auf den Asphalt.

»Ich wette, da bist du der Einzige«, sagte er.

George sah sich unter seinen Zuhörern um, aber sie wichen seinem Blick aus. Sie hielten es für möglich, einer Täuschung aufgesessen zu sein, als sie glaubten, sie hätten den Fischschwanz gesehen. Und Jimmy konnte sehr gut mit seinen Fäusten umgehen. »Lügner!«, sagte er schließlich triumphierend und ging. Und da er ein Tyrann war, folgten ihm die anderen, und George blieb den Rest des Abends allein beim Wassertank sitzen und grübelte.

Am nächsten Tag ging George siegesgewiss zu Jimmy. »Ich hatte Recht mit dem Fisch«, sagte er. »Ich hab letzte Nacht von ihm geträumt.«

»Quatsch!«, sagte Jimmy, »Träume sind bloß ausgedacht. Sie bedeuten gar nichts.«

George verzog sich traurig. Wie konnte er so jemanden überzeugen? Den ganzen Tag zerbrach er sich über diese Frage den Kopf, und als er nachts aufwachte, pulsierte sie in seinem Gehirn weiter. Und plötzlich befielen ihn Zweifel. Angenommen, er hatte sich geirrt, angenommen, er hatte den Fisch nie gesehen? Das war nicht auszuhalten. Er schlüpfte leise aus der Wohnung und schlich die Treppe zum Dach hinauf. Der Steinboden unter seinen Füßen fühlte sich sehr kalt an.

Es waren so viele Dinge im Tank, dass George den Fisch zuerst nicht erkennen konnte, aber schließlich sah er ihn unter dem Mond und unter den Sternen schimmern, größer und sogar noch schöner, als er es erzählt hatte. »Ich wusste, dass ich Recht habe«, flüsterte er, als er zurück ins Bett kroch. Am nächsten Morgen war er sehr krank.

Währenddessen folgte ein strahlend blauer Tag auf den anderen, und während im Tank der Wasserspiegel sank, hatten die Kinder unter Jimmys Führung den Jungen, der ihnen Geschichten erzählte, fast vergessen. Gelegentlich sagte der eine oder andere von ihnen, George sei sehr, sehr krank, und dann spielten sie weiter. Niemand schaute jetzt mehr in den Wassertank, da sie wussten, dass nichts drin war, bis Jimmy eines Tages einfiel, dass das trockene Wetter den letzten Beweis für seinen Zweifel erbringen müsste. So ließ er seine Kameraden beim Weitspringen zurück, ging zu

Georges verlassener Ecke und lugte in den Tank. Der war natürlich fast ausgetrocknet, und – Jimmy schrie vor Überraschung fast auf – in der flachen Pfütze aus Rußwasser lag ein großer toter Fisch, der aber immer noch in Regenbogenfarben schimmerte.

Jimmy war stark und dumm, aber nicht bösartig, und da er an Georges Krankheit dachte, fand er, es gehöre sich, zu ihm zu gehen und ihm zu sagen, dass er Recht hatte. Er rannte die Treppe hinunter und klopfte an die Tür von Georges Wohnung. Georges große Schwester öffnete, aber der Junge war zu aufgeregt, um zu sehen, dass ihre Augen ganz nass waren. »Oh, Miss«, keuchte er, »sagen Sie George, dass er mit dem Fisch Recht hatte. Ich hab ihn selbst gesehen!«

»Georgy ist tot«, sagte das Mädchen.

# Regentag

Wenn wir älter werden, wird uns immer deutlicher, dass jeder Augenblick nur das Gespenst eines lange vergangenen Augenblicks ist, unsere Tage nur blasse Wiederholungen von Tagen sind, die wir einst erlebt haben. Man könnte fast sagen, dass wir ab einem gewissen Alter niemand Fremden mehr kennenlernen und keinen neuen Ort mehr entdecken. Der Palast unserer Seele, der mit den Jahren hoffentlich größer geworden ist, wird von kleinen Erinnerungen heimgesucht, die gerade dann aus den Ecken hervorkriechen und uns stumm anschauen, wenn wir am sichersten glauben, allein zu sein. Manchmal können wir die Stimme der Gegenwart vor lauter Einflüsterungen der Vergangenheit nicht hören; manchmal ist der Raum so voll von Gespenstern, dass wir kaum atmen können. Und doch ist es oft schwierig, die Bedeutung dieser abgelebten Tage herauszufinden, die vor uns wiederauferstehen, um unser Zeitgefühl zu verwirren. Warum hat unser Geist diese trivialen Begebnisse so viele Jahre geheim gehalten, um sie uns schließlich vor Augen zu führen, wenn kein erkennbarer Zusammenhang besteht? Vielleicht sind wir einfach nicht klug genug, um das Rätsel zu verstehen; vielleicht sind diese Kleinigkeiten, die wir Jahr für Jahr in unserem Unbewussten mit uns tragen, in Wahrheit die mächtigen Kräfte, die unser Leben zu dem gemacht haben, was es ist.

Als ich heute Morgen am Fenster stand und den Regen betrachtete, kam mir plötzlich die Erinnerung an einen nassen Morgen vor vielen Jahren, als ich ebenso stand wie jetzt und die Tropfen einen nach dem anderen die beschlagene Fensterscheibe hinunterrutschen sah. Ich war ein Junge von acht Jahren, in einen Matrosenanzug gekleidet, meine Haare waren kurz geschnitten wie bei einem französischen Jungen, und mein rechtes Knie war steif wegen einer halb verheilten Wunde, die ich mir beim Sturz auf dem Kies unter dem Fenster des Schulzimmers zugezogen hatte. Es war ein richtig nasser, grauer Tag. Der Regen tropfte von den Tannen aufs Dach der Spülküche, und hin und wieder trieb ein Windstoß den Regen so auf den durchweichten Rasen hinab, dass es wie Meeresrauschen klang. Ich hörte, wie das Wasser im efeuüberwachsenen Abflussrohr gurgelte, und beobachtete gebannt, wie einer der Wege überflutet wurde, so dass zwischen den hochstämmigen Rosen ein Kanal floss, der an Bilder von Venedig erinnerte. Ich stellte mir vor, wie schön es wäre, wenn es richtig stark regnen und das Haus überschwemmt würde, so dass wir alle drei Wochen lang hungern müssten und dann erst auf dramatische Weise mit Booten gerettet würden. Doch in Wirklichkeit hatte ich nicht die mindeste Hoffnung darauf. Hinter mir im Schulzimmer spielten meine beiden Brüder Schach, aber sie hatten noch nicht zu streiten angefangen, und in einer Ecke verprügelte meine Schwester geduldig eine Puppe. Im Kamin brannte ein Feuer, aber es war eines von jenen tristen rauchigen Feuern, die einen unmöglich in ihren Bann ziehen können. Die Uhr auf dem Kaminsims tickte sehr langsam, und mir wurde klar, dass eine Ewigkeit aus langen Sekunden mich von der Essenszeit trennte. Ich bekam Lust, hinauszugehen.

Die Unternehmung war mit gewissen Schwierigkeiten und Gefahren verbunden, die sich aber durchaus überwinden ließen. Ich musste mich nur in die Halle hinunter stehlen und unbemerkt meine Stiefel und das Regencape anziehen. Ich musste die Vordertür ohne allzu viel Lärm öffnen, denn die anderen Türen wurden von Dienstboten bewacht, und ich musste unter den Augen vieler Fenster die

Auffahrt hinunterrennen. Wenn ich erst einmal das Tor hinter mir hatte, war ich in Sicherheit, denn die Nässe des Tages würde mich vor gefährlichen Begegnungen bewahren. Im Regen zu spazieren wäre schöner als im öden Schulzimmer zu bleiben, wo sich ganze Viertelstunden lang nichts rührte. Und mir fiel ein, dass es nah bei unserem Haus ein Wäldchen gab, in dem ich noch nie bei Regen gewesen war. Vielleicht würde ich dort den Magier treffen, nach dem ich an sonnigen Tagen so oft vergeblich Ausschau gehalten hatte, denn höchstwahrscheinlich ging er eher bei schlechtem Wetter aus, wenn sonst niemand unterwegs war. Es wäre schön, die Regentropfen auf das Blätterdach prasseln zu hören und ganz warm und trocken darunter zu stehen. Vielleicht würde mir der Magier einen Zauberstab geben, und ich könnte ähnliche Dinge machen wie der Zauberkünstler vergangene Weihnachten.

Mit Sicherheit erwartete mich eine Strafe, wenn ich nach Hause kam, denn selbst wenn mich niemand vermisste, würden sie bemerken, dass mein Cape nass und meine Stiefel voll Matsch waren. Ich würde zum Mittagessen keinen Pudding bekommen und am Nachmittag ins Bett geschickt werden: aber so etwas war mir auch schon vorher passiert; es hatte mir zwar nicht gefallen, aber im Nachhinein kam es mir auch nicht so schlimm vor. Und das Leben im Schulzimmer war so langweilig an jenem nassen Morgen, als ich acht Jahre alt war!

Und doch ging ich nicht hinaus, sondern blieb zögernd am Fenster stehen, während sich die Welt mit jedem Windstoß die Regenlocken aus der glänzenden Stirn zu schütteln schien. So kurz vor einem Abenteuer zu stehen, ist an und für sich schon spannend, und jetzt, da ich über die Einzelheiten meiner Expedition nachdachte, langweilte ich mich nicht mehr. So träumte ich vor mich hin, bis die goldene Gelegenheit zum Handeln verpasst war und das wütende Geschrei eines der Schachspieler mich in die nüchterne Wirklichkeit zurückrief. Im Nu war das Brett umgeworfen, und die Spieler rauften. Meine kleine Schwester, die bereits ein weibliches Bedürfnis nach Ordnung hatte, kam aus ihrer Ecke und sammelte dienstfertig die Schachfiguren unter den Füßen der Streithähne auf. Das alles war nichts Neues für mich, und während ich dem Bruder zu Hilfe kam, mit dem ich gerade irgendwie verbündet war, überlegte ich, dass es besser gewesen wäre, ich hätte das Abenteuer gewagt und mich in die verregnete Welt begeben.

Und heute Morgen, als ich am Fenster stand und meine Erinnerung ein wenig grausam mich an einen längst vergangenen Tag zurückdenken ließ, war ich immer noch derselben Meinung. Ach!, ich hätte meine Stiefel und mein Regencape anziehen und zu dem Wäldchen gehen sollen, um den Magier zu treffen. Er hätte mir die Tarnkappe gegeben, den Geldsäckel des Fortunatus und ein Paar Siebenmeilenstiefel. Er hätte mich gelehrt, fremde Welten zu erobern und die leichten Siege der Träumer den Wahnsinnigen, Philosophen und Dichtern zu überlassen. Er hätte aus mir einen Mann der Tat gemacht, einen Staatsmann, einen Soldaten, einen Stadtgründer oder Totengräber. Denn es gibt zwei Arten von Menschen auf der Welt, wenn wir die geringeren Unterschiede von Körperform und Hautfarbe außer Acht lassen: Es gibt die Menschen, die etwas tun, und die Menschen, die davon träumen. Kein Mensch kann gleichzeitig ein Träumer und ein Mann der Tat sein, und man verlangt von uns, die Entscheidung über unsere Rolle im Leben zu treffen, wenn wir noch zu jung sind, um zu wissen, was wir tun.

Ich glaube nicht, dass es bloßer Mutwille des Gedächtnisses war, der mir diese Stunde mit so liebevoller Genauigkeit zurückrief, während viele hellere und ereignisreichere Stunden für immer entschwunden sind. Ich halte es für sehr gut denkbar, dass der Moment des Zögerns vor dem Fenster im Schulzimmer eine Geisteshaltung vorwegnahm, die mich seither zum Träumen bestimmt hat. Ich habe das Denken der Tat vorgezogen; ich bin nie in das Wäldchen gerannt; ich habe den Magier nie getroffen. Und so bin ich heute Morgen, als mir das Schicksal diesen Streich spielte und mein Traum für einen Augenblick vom eisigen Atem der Vergangenheit angehaucht wurde, auch nicht auf die Straße des Lebens gelaufen, um mit meinem Flammenschwert um mich zu schlagen. Nein, ich ergriff meine Feder und schrieb Worte auf ein Stück Papier und besänftigte meine erschrockenen Sinne mit dem müßigsten aller Träume.

# Devonas Katze

Eine Geschichte aus der neuen Kindheit

Die Gedankengänge, die wir hier mitteilen wollen, wären vielleicht unentdeckt oder sogar unvorstellbar geblieben, wenn Papa nicht voller Wut Devonas Katze einen Fußtritt verpasst hätte, weil Devona ihn im Zusammenhang mit französischer Geschichte in einer Kleinigkeit korrigiert hatte.

Natürlich war das falsch und außerdem – was er allerdings nicht wusste – unlogisch, denn Devonas Katze hatte in diesem Augenblick überhaupt nichts mit französischer Geschichte im Sinn. Vielmehr argwöhnte sie eine Maus in der Zeitungsablage. Doch ein neutraler Beobachter kann nicht übersehen, dass Devona selbst nicht ganz unschuldig an dem anschließenden Ungemach war. Sie brachte dieser Katze, die sich in ungewöhnlichem Maß seelisch distanziert verhielt, keine sonderliche Liebe entgegen, hatte dies auch nie getan; und dennoch hatte der Fuß ihres Vaters nach seiner bedauerlichen Kapriole gegen die Flanke von Devonas Kätzchen kaum den Boden wieder erreicht, als sie schon durchs Zimmer rannte, das überraschte und jammernde Tier an ihre Brust drückte, sich gebieterisch zu ihrem Vater umdrehte und rief: »Du bist wirklich ein sehr unerzogener alter Mann! Ich bin sehr, sehr böse auf dich!« Nachdem sie diese beklagenswerten Worte gesprochen hatte, verließ sie ihren Vater, der zwar stolz war, insgeheim aber sorgenvoll der näheren Zukunft entgegensah, während ihre schüchternere Mutter bittere Tränen weinte.

Nun ist uns bewusst, dass manche Kinder Strenge mit Konsequenz verwechseln und Wutausbrüche für einen angemessenen Ausdruck von Autorität halten – wie gesagt, wir wissen, dass manche der Meinung sind, Devona habe mit Recht einen Mann so getadelt, der ein armes Tier misshandelt hatte, das ihm geistig weit unterlegen, aber von der Natur leider daran gehindert war, seine eigene Ansicht der Dinge kundzutun. Und unsere grimmigen und heldenhaften Ahnen hätten dieser Minderheit beigepflichtet, dass sanftere Methoden, die auf Logik statt auf roher Gewalt beruhen, bei Männern und Frauen nur zu Renitenz führen.

Aber zum Glück bemüht sich die Mehrheit in diesem aufgeklärten Zeitalter und unter einem besseren Erziehungssystem, die kleinen Trotzanfälle oder Narreteien, zu denen ihre Eltern aufgrund ihres Alters gelegentlich neigen, eher durch den Ausdruck von Kummer als durch Zorn einzudämmen.

Und wäre Devona in dieser Situation tatsächlich so vorgegangen, so hätte ihr Vater zweifellos unter Tränen zugegeben, dass er Unrecht getan habe, und mit einem sauberen Taschentuch für Vater und einer Untertasse voll Milch für die Katze wäre die ganze Angelegenheit zu einem gütlichen Ende gekommen und das Problem wahrscheinlich nie wieder aufgetaucht.

Aber ach! Was war die Folge von Devonas harschen Worten? Tränen? Zerknirschung? Nein.

Beim Tee sagte Papa, der Tee (der eigentlich sehr gut war) sei nicht mit kochendem Wasser aufgegossen worden, und schob seine Tasse mit vor Ekel gekräuselter Nase von sich, und Mama, die ständig eine gewisse ängstliche Loyalität zu ihrem Ehemann bewies, tat es ihm gleich.

Devona aber gab nicht nach, und so kam es, dass eine Mahlzeit, die eigentlich die angenehmste des Tages hätte sein sollen, nur die Kluft zwischen den frechen Eltern und ihrem unberatenen Kind vertiefte.

Nichts ist schmerzlicher zu beobachten als wenn eine Beziehung, die geheiligt sein sollte, herabgesetzt und zerstört wird durch Torheit auf der einen Seite und durch die natürliche Sünde des Alters auf der anderen. Als diese unglückselige Mahlzeit beendet war, hielt Devona an ihrem unüberlegten Verhalten fest, schickte ihre Eltern ohne einen Kuss zu Bett und ging im Hyde Park spazieren.

Sie fühlte sich sehr elend, und es wäre vielleicht ungerecht, sie mit zu großer Härte zu beurteilen.

Sie war immerhin schon zehn Jahre alt, und zweifellos sollte man jünger sein, um zwei ältliche und schwierige Eltern nach den besten Prinzipien zu erziehen. Das war Devona auch durchaus klar. Sie wusste, es war zu spät; als sie zwei Jahre alt war, hätte sie jeden Nerv anspannen müssen, um ihre Eltern auf den richtigen Pfad zu führen, und ihnen so ein schönes, friedliches Alter zu sichern. Warum hatte sie ihre Zeit auf das Frauenwahlrecht und ähnliche Fragen verwendet, wo doch offensichtlich die Hauptaufgabe ihres Babyalters gewesen wäre, sich die Zuneigung ihrer Eltern zu erwerben und gleichzeitig strikt auf ihrer Führungsrolle im Haushalt zu bestehen? Und jetzt war es zu spät.

Sie betrachtete traurig die Babys, die in ihren Kinderwagen an ihr vorbeigeschoben wurden, und staunte einmal mehr, dass die Natur den menschlichen Mikrokosmos, gerade wenn das Gehirn in voller Blüte steht, mit dem seltsamen Bann der Sprachlosigkeit, wenn nicht gar des Schweigens belegt. Zwei Jahre wertvoller Gedanken wurden praktisch verschwendet! Aber die kalten, weisen Augen der Babys spendeten ihr keinen Trost, und sie fürchtete ihre stumme Kritik.

Zum ersten Mal im Leben hatte sie ihre Eltern so streng behandelt; zwar war es natürlich nur zu deren Bestem, aber wenn sie doch im Unrecht war, wenn sie zu hart gewesen war und sie sich nun zu Hause wegen der Grausamkeit ihres Kindes die Augen ausweinten!

Sie setzte sich auf eine Bank und seufzte.

Am anderen Ende saß ein Kleinkind unter drei Jahren, das mitfühlende Blicke auf das unglückliche Mädchen warf.

»Haben Sie Probleme, meine Liebe?«, fragte es.

Devona warf ihm einen dankbaren Blick zu, denn seine Stimme vermittelte tiefen Trost.

»Ach, Madam«, rief sie. »Es ist so schwer, seinen Eltern gerecht zu werden.«

Das kleine Kind wusste sofort, worum es ging. »Kommen Sie«, sagte es, »und erzählen Sie mir alles.«

Und Devona erzählte ihm alles über das unbotmäßige Betragen ihrer Eltern.

Als sie fertig war, nickte das Kleinkind weise.

»Meinen Sie nicht, meine Liebe«, sagte es, »dass Sie vielleicht ein wenig voreilig gewesen sind? Nein, nehmen Sie es mir nicht übel, ich habe keinen Zweifel, dass Ihre Eltern wirklich sehr schwierig sind, aber dennoch – ich glaube, wenn Sie ihnen zeigen, wie weh es Ihnen tut, wenn sie frech sind, und wie sehr es Sie freut, wenn sie sich gut benehmen, dann würden sie wahrscheinlich Fortschritte machen.«

»Eltern sind so eine Last«, seufzte Devona, »besonders in einem gewissen Alter.«

»Das stimmt allerdings, meine Liebe«, pflichtete ihr das Kleinkind bei, »aber wenn Sie den Rat eines jüngeren Kindes, als Sie es sind, annehmen wollen, den Rat von jemandem, dessen Fähigkeiten noch kaum von den kniffligen Problemen dieser Welt beeinträchtigt sind, dann werden Sie, glaube ich, herausfinden, dass Sanftheit die bessere Methode ist.«

»Ich will es versuchen, Madam«, sagte Devona tapfer, »und seien Sie herzlich bedankt für Ihren Rat!«

»Es ist mir immer ein Vergnügen, wenn ich mich nützlich machen kann, meine Liebe«, sagte das Kleinkind. »Aber versuchen Sie es nur! Ich bin sicher, es wird Ihnen nach einer kleinen Weile leichter fallen. Vor allem, da ich sehe, dass ein junger Kopf auf Ihren alten Schultern sitzt. Auf Wiedersehen, meine Liebe.«

»Auf Wiedersehen, Madam«, sagte Devona und eilte nach Hause.

Ihr könnt euch vorstellen, wie schnell sie ins Elternschlafzimmer hinaufrannte, und wie sie erschrak, als ihre Eltern nicht dort waren.

Doch aus dem Spielzimmer nebenan hörte sie leises Weinen, vermischt mit einem seltsamen Brummen, das sie nicht zuordnen konnte.

Sie öffnete leise die Tür und entdeckte ihre Eltern, die leise weinend im Dunkeln hockten und die Katze streichelten.

Die Katze schnurrte.

»Ach, auf was für niedliche Einfälle Eltern doch kommen«, dachte sie. Das war ihre Abbitte.

Im nächsten Augenblick hingen sie weinend am Hals ihrer Tochter und versprachen, brav zu sein.

Und wenn wir sagen müssten, dass Devonas Augen in diesem rührenden Augenblick nicht feucht waren, dann täte uns das sehr leid.

Denn sie hatte entdeckt, welches Geheimnis in den Herzen ihrer Eltern schlummerte.

# Anhang

# Nachwort

Richard Middletons Leben war der vielleicht letzte Versuch, noch einmal eine (neo)romantische Dichterexistenz zu führen. Er fiel aus seiner Zeit, der edwardianischen Dekade, als sich mit George Bernard Shaw, H. G. Wells, Joseph Conrad und Arnold Bennett eine neue Epoche der englischen Literatur vorbereitete. Sein großes Vorbild war der symbolistische Dichter Ernest Dowson (1867–1900), den Stefan George noch übersetzte und der, man darf es so sagen, ein versoffenes Genie war, das von der Unterstützung seiner Freunde lebte. Middleton kam für einen solchen Lebensentwurf in gewisser Weise zu spät: Der arme Poet, den er darstellte, hatte ausgedient. Sein Außenseitertum und seine Sensibilität hatten nicht mehr die avantgardistische Schlagkraft der *Poètes maudits*. Sein kurzes Leben endete einsam und tragisch in Brüssel.

Geboren wurde Richard Barham Middleton 1882 in Staines, Middlesex, das heute zum Großraum Londons gehört. Sein Mittelname weist auf seine Verwandtschaft mit Richard Harris Barham hin, dem Autor der *Ingoldsby Legends* (1840 ff.), einer populären Sammlung von Sagen, Legenden und Geistergeschichten. Nach dem Besuch verschiedener Privatschulen, darunter die St. Paul's und die Merchant Taylor's School in London, erlangte Middleton im Jahre 1900 an den Universitäten von Oxford und Cambridge die Studienzulassung für die Fächer Mathematik, Physik und Englisch. Er konnte sich das Studium allerdings nicht leisten und wurde stattdessen 1901 Angestellter der Royal Assurance Exchange Corporation, wo er ähnlich unter seinem Berufsalltag litt wie Kafka in der Prager Arbeiter-Unfallversicherungsanstalt. Sechs Jahre später gab er seine Anstellung auf und entschied sich, ohne jede finanzielle Absicherung, für ein freies Dichterleben. Von nun an schlug er sich mehr schlecht als recht mit Rezensionen, Gedichten, Erzählungen und kleinen Essays durch, die er in Zeitschriften wie *Vanity Fair*, *English Review* oder *Academy* veröffentlichte. Die Armut mit all ihren Demütigungen wurde seine stete Begleiterin: das Angewiesensein auf Zuwendungen von Freunden, erzwungene Wohnungswechsel, Hunger. Ohne einen Pfennig in der Tasche unternahm er Wanderungen durch Südengland – die Geschichte »Auf der Landstraße von Brighton« erinnert daran. Doch zog er diese sozial bedrückende Situation der Gefangenschaft in einem Angestelltenverhältnis vor, das zu jener Zeit noch bedeutete, sechs Tage in der Woche bis zu zehn Stunden fremdbestimmt zu arbeiten.

Im Londoner Pub *New Bohemians* schloss sich Middleton der gleichnamigen Dichtergruppe an. Hier kam er zwar in Kontakt mit G. K. Chesterton, Hilaire Belloc, Arthur Machen und anderen Autoren, doch das änderte nichts an seinem Hauptproblem: »Ich verdiene kein Geld, und ohne Geld kann ich nicht frei sein.«

Um seiner zunehmenden seelischen Labilität Herr zu werden, stellte er sich folgende Verhaltensregeln für die Zukunft auf:

| | |
|---|---|
| »Nicht zu viel essen | Viele Familienunternehmungen |
| Keinen Alkohol trinken | Mäßig Sport treiben |
| Viel arbeiten | Früh aufstehen.« |

Ja, er arbeitete viel, schrieb kluge Essays für Zeitungen und Zeitschriften, die in ihrer Eloquenz ein wenig an den jungen Stevenson erinnern, dessen *Schatzinsel* er übrigens zu kon-

struiert und daher unglaubwürdig fand. Nebenher hatte er
die eine oder andere Liaison mit jungen Schauspielerinnen
und Prostituierten, trank mit seinen Dichterfreunden und –
arbeitete. Doch zunehmend wurde er von Depressionen
heimgesucht und begann unter neuralgischen Schmerzen
zu leiden.

Schließlich übersiedelte er 1911 nach Brüssel, wo schon
Baudelaire auf der Flucht vor seinen Gläubigern Exil
gesucht hatte. Dort, »wo so viele Vögel zwitschern, weil
es so viele Bäume gibt«, beging er am 1. Dezember Selbstmord – mit dem Narkosemittel Chloroform, das damals
gegen Depression verabreicht wurde.

Noch in seinem Todesjahr plante Richard Middleton,
die »Autobiographie eines jungen Mannes« zu schreiben,
in der verschiedene Texte über die Kindheit (einige davon
in der vorliegenden Auswahl) den Anfang bilden sollten.
Viele der Texte gehen also auf eigene Erfahrungen und
Erlebnisse zurück, und wir dürfen annehmen, dass sich in
den Figuren und Motiven, wie literarisch verwandelt auch
immer, Grundmotive aus Middletons Leben spiegeln. Es
sind Außenseiter, Ausgestoßene, Träumer, die in diesen
Anti-Idyllen versuchen, sich gegenüber der Gesellschaft
zu behaupten. Jeder Anschein von Geborgenheit trägt die
Gefahr einer bösartigen Desillusionierung in sich. Der
Einzelne, zumal der in der englischen Klassengesellschaft
von Armut Gebeutelte, steht unter einem enormen Legiti-
mationsdruck. Sei es das drohende »Arbeitshaus« in »Auf
der Landstraße von Brighton«, sei es das Mobbing gegen
den »Neuen Schüler«, der finanziell mit den anderen nicht
mithalten kann, sei es der Polizist, den das Mitgefühl an
der Pflichterfüllung hindert – stets muss sich das Ich der
Protagonisten vor der Allgemeinheit schützen oder von ihr
abwenden. Noch beklemmender lesen sich die aus Kinder-

perspektive geschriebenen Familientragödien, in denen allein die Flucht in die Phantasie noch eine Art Kohärenz der Seele aufrecht zu erhalten vermag. Dass all dies mit großem psychologischen Scharfsinn geschrieben ist, versteht sich von selbst. Aber Middleton entfaltet in diesen düsteren Tableaus eine träumerische, ja zauberische Qualität, eine Zartheit und Lauterkeit, die seine Texte zu etwas ungewöhnlich Kostbarem und Liebenswertem machen.

Ein Jahr nach Middletons Tod, 1912, gab Henry Savage bei T. Fisher Unwin in London *The Ghost Ship and Other Stories* heraus, das im ersten Jahr seines Erscheinens drei Auflagen erlebte. Das »Geisterschiff« wurde als liebevolle Satire eine der berühmtesten Geschichten im Genre der *Gothic tales*. Im gleichen Jahr erschienen zwei Gedichtbände (*Poems and Songs* und davon eine *Second Series*) sowie der Essayband *The Day before Yesterday*, gefolgt 1913 von einem zweiten Essayband: *Monologues*. Kurz nach seinem Tod widerfuhr Richard Middleton also die Anerkennung, die ihm zu Lebzeiten nicht zuteil geworden war.

Der Abschiedsbrief Middletons an seinen Freund und späteren Herausgeber Henry Savage lautet:

*Mitternacht. 1. Dezember 1911*

Lebwohl! Harry,

ich breche zu einem neuen Abenteuer auf, und dank Dir habe ich ein paar schöne Erinnerungen in meinem Rucksack. Was die bitteren anbetrifft, wiegen sie vielleicht nicht mehr so schwer wie zuvor. »Gott wird ein zerknirschtes und gedemütigtes Herz nicht verschmähen.«

RICHARD.

*A.N.*

# Anmerkungen

9    *Cockney*: Bezeichnung für einen englischen Regiolekt in London. Der Begriff ging aus einem Spottnamen für die Bürger von London hervor.

10   *Guinee*: eine von 1663 bis 1816 in Umlauf befindliche britische Goldmünze.

11   *Fox and Grapes*: »Fuchs und Weintrauben«, Name des Pub in Fairfield.

11   *Squire*: Gutsherr.

11   *Schlacht von Naseby*: In der Schlacht von Naseby kämpfte am 14. Juni 1645 die Parlamentsarmee unter dem Befehl von Sir Thomas Fairfax und Oliver Cromwell gegen die königliche Armee unter dem Befehl von König Charles I. in der letzten großen Entscheidungsschlacht des englischen Bürgerkriegs.

13   *Jahr des zweiten Jubiläums*: das diamantene Jubiläum zur 60-jährigen Regentschaft von Queen Victoria.

15   *Senlac*: Senlac Hill ist eine 84 m hohe Anhöhe in Battle etwa 10 km nordwestlich von Hastings; sie war ein Schauplatz der Schlacht bei Hastings.

22   ›*Kielholen*‹: eine schwere, in der Sefahrt bis ins 19. Jhdt. gebräuchliche Disziplinarstrafe, bei der der Bestrafte an einem Tau unter dem Rumpf des Schiffs durchgezogen wurde.

22   ›*über die Planken gehen*‹: Hinrichtungsform auf Piratenschiffen. Der Verurteilte wurde an den Händen gefesselt und auf eine Planke gestellt, die so auf der Reling befestigt war, dass sie vom Schiff auf das Meer hinausragte. Der Verurteilte wurde dann mit einem Speer gezwungen, zum Ende der Planke zu gehen, wo er ins Wasser fiel und meist ertrank.

22   *Basket of Flowers*: Blumenkorb.

25   *Yorkshire Wolds*: Hügelzug in der englischen Grafschaft Yorkshire, das höchstgelegene Gebiet im östlichen England zwischen dem Fluss Derwent im Westen und Nordwesten, dem Humber im Süden sowie der Nordsee im Osten.

34   *Gasstrümpfe*: ein Gasstrumpf ist ein kuppel- oder birnenförmiges feinmaschiges Gebilde aus Oxiden, das in Gaslampen durch eine

Flamme zum Leuchten gebracht wird. Er wird aus einem mit speziellen Salzen seltener Erden präparierten Gewebe aus Baumwolle, Seide oder Kunstseide hergestellt, das durch Aufheizen in einer Gasflamme verbrennt.

39  *Byron*: George Gordon Noel Byron, 6. Baron Byron (1788–1824), britischer Dichter und einer der wesentlichen Vertreter der englischen Romantik.

40  *Ich sah den Hirsch nach frischem Wasser dürsten*: vgl. Altes Testament, Psalm 42:1.

40  *Täler von Exmoor*: Exmoor ist eine hügelige Moorlandschaft in Westsomerset und Norddevon in Südwestengland, benannt nach dem Fluss Exe; heute ein Nationalpark

40  *Sturmwind und die taumelnden, vor Angst verzagten Seeleute*: vgl. Altes Testament, Psalm 107:23–27.

42  *Couplets*: scherzhaft-satirisches Strophengedicht mit Kehrreim und meist aktuellem (politischem])oder pikantem Inhalt.

46  *Downs*: Seegebiet im Bereich des Ärmelkanals zwischen den Goodwin Sands und dem östlichen Kent am Übergang von der Nordsee in den Ärmelkanal.

48  *Themse-Uferdamm*: auch *Thames Embankment*, technische Großleistung des Tiefbaus im 19. Jahrhundert, um Marschland an der Themse im Zentrum von London zurückzugewinnen. Der Damm befindet sich am nördlichen Flussufer und besteht aus dem Victoria- und Chelsea Embankment.

49  *Margate*: eine Küstenstadt in der englischen Grafschaft Kent.

50  *Arbeitshaus*: Institution der Armenpolitik seit der Mitte des 16. Jahrhunderts. Darin sollten von Armut betroffene Menschen, vor allem Bettler, aufgenommen und damit aus der Öffentlichkeit entfernt werden. Im 19. Jahrhundert unter dem Leitsatz »Wer nicht arbeitet, soll auch nicht essen« als Produktionsstätten genutzt.

50  *hinter Reigate*: Stadt in Surrey im Südengland, heute Verwaltungssitz des Boroughs Reigate and Banstead südlich von London.

67  *Trafalgar*: Schlacht von Trafalgar am 21. Oktober 1805 zwischen den Briten und den miteinander verbündeten Franzosen und Spaniern.

114  *Fortunatus*: Held des gleichnamigen Volksbuchs aus dem 15. Jhdt. Fortunatus gelangt durch einen nie versiegenden Geldsäckel und ein Wunschhütlein zu Reichtum und Ansehen, während seine Söhne an den beiden Glücksspendern zugrunde gehen.

*Richard Barham Middleton*, geboren 1882 in Staines, Middlesex, publizierte Gedichte und Erzählungen in verschiedenen Zeitungen, pflegte als Mitglied der *New Bohemians*, einer jungen Autorengruppe, Umgang mit G. K. Chesterton, Hilaire Belloc und Arthur Machen. 1911 beging er in Brüssel mit 29 Jahren Selbstmord. Erst posthum wurde sein Werk entdeckt. Mit der Geschichte »Das Geisterschiff« schrieb er sich in die Herzen seiner englischen Leser.

*Andreas Nohl*, Schriftsteller und Übersetzer, veröffentlichte Erzählungen und die historische Novelle *Hieronymus*. Für seine Übersetzungen (Mark Twain, R. L. Stevenson, Rudyard Kipling, E. A. Poe) wurde er u. a. mit dem Heinrich Maria Ledig-Rowohlt-Preis ausgezeichnet. Zuletzt erschien von ihm *Das Handwerk des Schreibens. Essays und Kritiken zur Literatur.*

☾ ☾ ● **Steidl Nocturnes**

Erste Auflage 2020

© 2020 für diese Ausgabe: Steidl Verlag, Göttingen

Lektorat: Claudia Glenewinkel
Umschlaggestaltung: Rahel Bünter unter Verwendung einer Illustration von Paloma Tarrío Alves / Steidl Design
Buchgestaltung: Rahel Bünter / Steidl Design
Gesamtherstellung und Druck: Steidl, Göttingen

Steidl
Düstere Str. 4 / 37073 Göttingen
Tel. +49 551 49 60 60
mail@steidl.de
steidl.de

ISBN 978-3-95829-782-1
Printed in Germany by Steidl